BENJAMIN IRIE

SEINABOU
La conquête de la liberté

DEDICACE

A la mémoire de mon père TIÉ BI IRIÉ:
Soldat de rang, matricule 49599.
Homme de troupe du 43ème régiment d'infanterie coloniale.
Gendarme de première classe.
Chevalier de l'ordre du mérite de la gendarmerie nationale.
Combattant de la liberté. Honneur à toi!
A ma défunte mère YALI LOU TOUBOUILOU:
Femme visionnaire.
Femme militante.
Femme libérée des contraintes de la vie.
Educatrice exemplaire arrachée à mon affection.
Combattante de la liberté.
Hommage à toi!
En souvenir de NANTI lou Irié Rosalie:
Femme pionnière des marchés de vivriers en Côte d'Ivoire.
Femme politique.
Femme-référence, fierté d'un peuple à la recherche de sa notoriété.
Combattante de la liberté.
A à tous les combattants de la liberté sans qui cette œuvre ne verrait pas le jour.

YALI lou TRA, TCHAN, TOUBOUILOU et NANTI lou é!
Revivez par votre fils Wassa, prince de la paix.

Moi Wassa!
Je tiens ma cora pour chanter
La liberté des peuples bâillonnés
La liberté des peuples incarcérés
La liberté des peuples opprimés.
Moi Wassa!
Je tiens ma cora pour chanter
L'unité des enfants déchirés
L'unité des consciences désunies
L'unité de la terre premièrc.
Je chante la liberté
Je chante l'unité
Je chante l'amour
Je chante la vie.

I

Toukouzou montrait à travers ses monts, ses fleuves et ses forêts, son aspect de pays tropical. Ses régions, malgré leurs contrastes, lui donnaient fière allure. À l'ouest, Gôzi de par son altitude saluait les dieux, paradigmes de son existence. Lolou, au nord, exposait ses sites rupestres, sa végétation chauve que domptait l'harmattan, ce vent sec saisonnier. Batraidji, le centre, était un véritable grenier. Yiman, le sud, avait l'aspect d'un grand miroir de Dieu où hommes et bêtes se miraient. Toukouzou, avait posé les bases du bien-être des siens, déjà pendant la période coloniale. L'obtention de l'indépendance donna du souffle supplémentaire à son développement. Parmi ses illustres enfants, la magie de la survie avait hissé Douba sous les armoiries des princes, avec le statut de roi. En ses mains, le hourra de la liberté avait bondi comme une biche surprise par des chasseurs. Ce hourra réveilla les mânes des ancêtres. Ceux-ci semblaient endormis par la longue attente de la liberté. Ce hourra réveilla aussi les monstres des abysses, et réjouit même les dieux. Si ce n'était pas le cas, pourquoi avait-il plu quand se produisit cet événement glorieux ? N'était-ce pas la façon pour les dieux d'apporter leur approbation, leur bénédiction à Toukouzou?

Mais, c'était sans compter avec la mort qui n'épargna personne, qu'on soit riche ou pauvre, célèbre ou anonyme. Elle avait emporté Douba, cet habile négociateur, ce héros de la lutte anti-coloniale. Et comme une traînée de poudre, la nouvelle de sa mort envahit Toukouzou. L'iroko venait d'être arraché à l'affection des siens. Toukouzou pleura avec constriction son illustre disparu tout en s'inquiétant des nuages sombres qui présageaient d'un mauvais temps. Il fallait donc contre vents et marées, se serrer les coudes afin que l'absence du chef ne soit un frein au bonheur de Toukouzou. Ainsi, le sept décembre mille-neuf-cent-quatre-vingt-treize, une nouvelle page fut écrite sur l'autel du pouvoir de sang de traîtrise, d'exécution.

Une sexagénaire, veuve influente, mère de cinq enfants, l'une des inconditionnels de Douba, sentit le pays en danger. Les hommes blancs qu'elle considérait comme des ennemis sont toujours aux aguets prêts à nuire. Qui pouvait leur tenir tête, ces hommes pleins de malice. Ces hommes caméléons. Elle était contre Douba mais elle devint son alliée car selon elle, il avait su les contenir. Cette dame distinguée, Séinabou Toubouilou, élancée, au teint d'orange, au visage fin et aux lèvres rondes, se mit donc en mission pour préserver les acquis de son héros. L'aîné de ses enfants s'appelait

Zinna. Après lui, venait Vanin, peu bavard mais grand travailleur. Il avait les mêmes affinités que son frère, à la seule différence que celui-ci était plus intelligent et loquace. La troisième enfant se démarquait totalement des autres: Séina, perle parmi les perles. Elle avait un corps de rêve. C'est le genre de femme dont la beauté féerique démontre que Dieu est orfèvre. Bédji, également était d'une grande beauté à l'image de Seina, sa sœur. C'était un homme aux accents de ménestrel. Il avait deux points sur chacune de ses oreilles. Il les tenait de sa génitrice Toubouilou dont on dit qu'elle lui avait transmis son habileté. Quant à Wassa, le benjamin, né au lendemain de l'indépendance de Toukouzou, très intelligent, il est le fruit parfait d'une prière que sa mère adressa au créateur; un vœu solennel, car les femmes de la lignée de Séinabou Toubouilou ont pour souci de procréer un héros, un leader. Séinabou considérait son fils Wassa comme celui devant perpétuer son héritage. Au plus profond de son âme, elle avait réclamé cet enfant au créateur. Il était spécial à ses yeux: Wassa était sa mère, sa mère était Wassa dans sa vision de la conduite de la cité. Ils avaient tous les deux, le même cœur, les mêmes réactions, le même rhésus. Leur seule différence se trouvait dans la fraicheur du corps de l'un, et l'érosion de l'épiderme de l'autre du fait des hivers.

Séinabou et ses progénitures sont originaires de Droh, un village de Guéria, dans la savane arborée. Il était difficile de parler sans emphase de Droh, cette agglomération fondée par les ancêtres de prince Zaduo, époux de Séinabou Toubouilou. Le prince Zaduo, grand de taille, était descendant de Vanin Sia Doh. Il était chef de Droh mais aussi un guerrier, un lutteur invaincu et un chasseur adroit. Avec ses cheveux plissés, ses biceps d'airain, et sa sagesse remarquable qui guidait toutes ses actions, il ne pouvait passer inaperçu. Adulé, il était l'objet de jalousie de la part de ses compères. Prince Zaduo fut assassiné lors d'un soulèvement des manœuvres mécontents de leur traitement salarial. Partit s'informer auprès des employeurs, des ingénieurs des ponts et chaussées, commis pour le tracé de l'autoroute Yiman-Lolou passant par Droh, il perdit la vie.

Ces coopérants en toute impunité, ne payaient pas leurs employés. Séinabou accusa le Président Douba et ces Blancs de complicité. Les travailleurs pour la plupart de Droh ne pouvaient pas tuer Prince Zaduo. C'est un complot exécuté par ces hommes blancs. Pourquoi Douba n'avait-il pas réagi suite à cette mort tragique d'un chef de surcroît. Et ces bruits d'assassinat de personnes renommées, considérées à tort ou à raison comme des coupables d'un complot contre lui. Pourquoi éliminer son mari, un homme de paix et de développement. Séinabou rumina de nombreux mois son chagrin et décida de venger son homme. Quand cette idée vint l'habiter, son fils Wassa n'était encore qu'un tout petit enfant. Le village auquel son nombril était attaché, devenait à ses yeux un hublot opaque où son quotidien consisterait à lutter contre le monstre opiniâtre de son bonheur brisé.

Elle choisit de vivre dans la capitale auprès des Blancs et des palais de Douba dont le prétendu complot du " Touraco" avait emporté son homme. Tout comme sa sœur la Grande Royale, Séinabou conclut que les hommes venus d'un pays lointain pour gouverner les autochtones avaient sûrement une connaissance supérieure. Il fallait domestiquer cette science à travers la maîtrise de leur langue. Mais, son âge était un handicap. La stratégie, c'était d'entrer dans le temple de leur savoir, les attaquer là où leur science tire sa source. L'entreprise dans laquelle elle s'engageait devra être une réussite totale. Il fallait absolument que son mari soit vengé pour que cesse de bouillir dans son cœur la marmite de douleur. Elle s'exila alors à Dorgela, la capitale où se trouvait la seule école pouvant recevoir à la fois les indigènes et les Blancs. Il fallait que ses enfants y soient, et elle était prête à s'investir. Zinna, Vanin et Bédji furent donc inscrits dans cette prestigieuse école.

Malgré son âge, Séinabou était déterminée à gagner beaucoup d'argent pour parvenir à ses fins. Elle prospecta le marché de denrées alimentaires et constata que l'huile de palme manquait très souvent. Elle décida d'en commercialiser en s'approvisionnant auprès de ses cousines restées à Droh. Aidée par sa fille Séina, elle allia à son éducation, les rudiments de la vie commerciale et domestique. Lorsque son fonds de commerce fut constitué après un an, Séina rejoignit ses frères à l'école. Toutefois, elle reprenait son commerce les jours de repos. Toubouilou enseignait les choses de la vie à ses enfants et les galvanisait comme un coureur équestre qui ne veut perdre aucune course. Sa fille Séina, plus repue de conseils que les autres, commença à mieux comprendre la vie, les actions des hommes et à bien percevoir les ficelles des marionnettistes guidant la cité.

La sexagénaire fut profondément ravie quand des années plus tard, une cérémonie de fin d'année scolaire occasionna la remise de prix à ses ouailles. Sa fille et deux de ses fils furent applaudis, et l'écho de cette cérémonie parvint jusqu'aux oreilles de Douba, la plus haute personnalité du pays.

Un matin, Toubouilou se leva, le corps de plomb, sous le poids des ans et de ses nombreuses occupations. Manhiva, quartier populeux à l'entrée de Dorgela, baignait sous les rayons d'un soleil dégourdi. Les ruelles sales aux caniveaux nauséabonds et les maisons décrépies desquelles des masses entières d'hommes sortaient, faisaient de Manhiva une bourgade à la traine. **A** Manhiva, le lampion du combat pour la survie ne s'éteignait jamais. Le maire en charge de cette agglomération était un militant de la première heure. Jadis habile coursier des colons et des syndicalistes considérés comme la bouche des "sans bouche", Yiti Kanvo n'avait désormais pour souci que la bouteille de vin rouge importée qui, comme le cordon d'argent, le liait à ses photos jaunies et à son passé sans gloire. Cette bouteille de vin devrait être toujours pleine, car elle avait le don de ressasser tous les bons moments de sa jeunesse, ponctués de nombreux " 14 juillet" et de bals poussières. Il raffolait de ses souvenirs de gaieté avec Mamadou Doumbia ou les Cantadors de la capitale. À Manhiva, les bruits de klaxons sortaient "du cœur des taxis", des voitures que refuserait le cimetière des épaves. Il y avait partout, des enfants jouant au football sur le trottoir. Des chiens aux corps usés, bien plus aux gorges irritées desquelles ne pouvaient jaillir des aboiements normaux, créaient par moments, des scandales quand ils passaient à côté des âmes sensibles. Gueule ouverte, langue pendante, ces chiens par moments aboyaient puis détalaient par des ruelles entre les concessions qu'ils découvraient en même temps que les badauds.

A Manhiva, les dancings avaient pignon sur rue. L'esprit du quartier est une célébration du schéma directeur des favelas. Devant la boutique d'un Maure, haut perchée derrière des barreaux, gesticulait une femme mafflue, aux seins pendant comme des coussins, dans son boubou rougeâtre. Deux garçonnets dévêtus, les mains et la bouche pleines de beignets de mil, ont renseigné la visiteuse. TRA Georgette cherchait à rencontrer Séinabou Toubouilou. Elle vit juste devant elle une concession délabrée. La devanture était occupée par de nombreuses petites tables exposant fruits, cacahuètes, bonbons et cigarettes.

Après quelques minutes de marche, arrivée au niveau des vendeurs, elle lança une salutation à la volée.
- Bonjour!

- Bonjour madame! Lui répondit une dizaine d'hommes et de femmes.
- Excusez-moi! Je suis un agent de la mairie. Je cherche le domicile d'une vieille dame du nom de Séinabou Toubouilou.

Tout le monde fit subitement silence, comme si elle venait d'annoncer un décès. En fait, ces commerçants étaient traqués par la police municipale. Leurs installations anarchiques sur les trottoirs et les voies publiques causaient d'énormes désagréments aux automobilistes et piétons. Ils jugèrent trop coûteuses les places des marchés publics construits par l'Etat. Trouver cette somme faramineuse que leur imposait le maire avant d'entamer leur commerce était chose hors de portée. Respecter la légalité signifiait ne pas exister. Or, il leur fallait survivre. Ils préféraient donc soudoyer les agents de la mairie, leur donnant tantôt cinq cents francs CFA, tantôt mille francs. Nombreuses étaient ces personnes qui violaient la loi fiscale.

-AhTiens, voilà sa fille Scína qui vient ! S'exclama un jeune commerçant. Georgette suivit donc Séina et pénétra dans l'univers bruyant d'une cour commune. Tout le monde s'affairait aux travaux domestiques. On voyait certains laver les enfants pour l'école primaire publique du quartier, d'autres faire la vaisselle de la veille ou remplir d'eau des barriques avant de sortir et revenir plus tard dans la soirée pour la cuisine, etc.

La maison de deux pièces de Séinabou Toubouilou, troisième à partir de la droite, sur une rangée de cinq bâtiments, faisait face à l'entrée de la cour clôturée. La fille introduisit la visiteuse au salon et l'annonça. La mère sortit promptement. Elle salua son hôte et l'invita à s'asseoir. Au milieu du salon, il y avait une petite table sur laquelle était posée une montre réveil. Cet appareil, dès quatre heures du matin, obligeait les écoliers à se lever pour aller à l'école, loin à Waterloo. Déjà, les garçons partis, Séinabou resta avec le petit Wassa qui dormait. Elle avait envoyé Séina acheter du café au lait et du pain, aliment qu'elle affectionnait pour son petit-déjeuner. TRA Georgette tenait un sac-à-main des années «50 » et portait des demi-talons. On lui proposa de l'eau. Mais elle refusa poliment. La vieille Séinabou, déjà en retard pour le marché de vivriers où elle devrait présider une réunion du collectif des femmes pour la défense de leurs droits, alla sans détour.

- Je suis à vous, madame.
- Maman, je suis la secrétaire particulière du maire Yiti Kanvo. Il m'envoie vous chercher sur instruction de la présidence.

Séinabou eut peur. Etait-ce un complot? Douba voulait-il anéantir toute sa famille?

- Quoi? Non! Je n'ai pas le temps.
- Maman, on ne renonce pas à la convocation d'une autorité. Tu peux te créer des ennuis. Je crois que cette invitation est de bon augure.
- Bien ma fille. Bon! Dieu est grand. Quand veut-il que je vienne?
- Aujourd'hui, tout de suite. Tu dois venir avec moi. C'est urgent!

Séinabou obéit. Cependant, elle prit la précaution d'envoyer sa fille informer les membres de son collectif de femmes, particulièrement Yali Lou dit Khadafi, sa vice-présidente. Yiti Kanvo, le maire, fut le premier à la recevoir et ne lui cacha pas sa surprise.

- Madame Zaduo! Depuis quand êtes-vous dans ce quartier?
- Un bout de temps quand même.

Toute la substance des échanges qui suivirent avait un rapport avec son pouvoir de premier magistrat de Manhiva, son autorité qu'il ne voulait voir, pour rien au monde, être mise à mal après des années de lutte. Yiti Kanvo était un maire nommé. Une exception. Il confiait à ses proches que le gouvernement lui était redevable. Que Dieu seul sait les coups de crosses qu'il a reçus à la prison de Bazam au nom de la république qu'il désirait voir naître et qui était là, maintenant. Toubouilou avait compris non seulement la source de sa colère, mais la crainte de la perte de son fauteuil. La rumeur l'avait certainement visité. Elle serait son ennemie car son mari avait attenté à la vie de Douba, son bienfaiteur. Lui, Yiti Kanvo, supposé être l'œil et l'oreille du pouvoir à Manhiva, comment n'avait-il pas pu remarquer la présence de Séinabou Toubouilou dans sa commune? Si sa convocation était venue du palais présidentiel alors que le rapport devait provenir de lui, il fallait craindre le pire. Son poste était en jeu. S'il le perdait, personne ne le plaindrait car la communauté, avant qu'il ne soit propulsé comme maire, le connaissait éleveur de porcs.

*   *
*

De la concession du maire où le désordre du mobilier poussait à l'énervement, un véhicule à la forme d'une goyave envoya Séinabou Toubouilou au palais présidentiel. Tout y était beau et soigné. Ce fut ce jour-là que Séi-

nabou découvrit que le pouvoir d'Etat et l'argent formaient un couple gé-
mellaire. Elle comprit pourquoi le Président Douba était soucieux. Et comme le disait le sage Balou, «richesse est un gâteau mielleux qu'on met hors
de portée des enfants, mais qu'on ne peut dissimuler à la colonie des fourmis». Regardant fixement l'homme dans son costume de toubab, elle faillit
lui demander des informations sur le complot du" Touraco".

En face d'elle, c'était le Président de la république, le garant des lois, la
force et la bannière de Toukouzou. Ses toussotements traversaient les murs
de son palais comme les flèches des dieux. Et des régiments entiers veillaient afin qu'aucun claquement de ses doigts ne leur échappe. Sa force ré-
sidait dans ses sujets comme dans ses collaborateurs blancs. Il n'y avait
que Dieu, le maître du souffle, pour l'inquiéter. Il était impressionnant et
des gens dont il avait serré les mains ne se les lavaient pas tout de suite.
Certains attendaient parfois un ou deux jours.

Douba savait entretenir le mythe du chef africain. Il était mystérieux. Il na-
sillait. Elancé, son teint était marron et sa démarche robotique. Le front
dégarni, il avait des yeux d'aigle et un nez droit. Bien que très riche, Douba suivait, avec rigueur, son régime alimentaire. L'alcool et les mets gras
étaient bannis de son alimentation. Son langage était contrôlé et il évitait
les banquets. Douba veillait à ce que son entourage tînt secret sa vie privée.
Le peuple était informé seulement de ses activités de Chef d'Etat, des actions qu'il souhaitait porter à sa connaissance. Ce dieu du peuple était en
face de Séinabou. Il lui tendit la main et elle la lui serra.
- Mme Zaduo, veuillez prendre place, s'il vous plaît, lui demanda genti-
ment Douba.
- J'ai appris la triste nouvelle de l'assassinat de votre époux. Mais, mon silence à ce sujet n'est pas un mépris. Loin de là. Un chef d'Etat a sa façon
de réagir face à une situation donnée. J'ai ma logique: faire revivre Prince
Zaduo en œuvrant à l'épanouissement de sa famille. Aussi, avons-nous un
projet de l'immortaliser en baptisant une rue en son nom. Il le mérite, ce
valeureux agent de développement. Mais aujourd'hui, je vous ai appelée
pour autre chose. J'ai eu vent du très bon résultat scolaire de vos enfants
qui sont également les miens. Séinabou, vous êtes ici pour recevoir la re-
connaissance de la Nation pour la bonne éducation de votre progéniture. Je
vous offre un immeuble de haut standing à Waterloo. Vous y aménagerez
en temps voulu. Tenez en plus cette enveloppe pour nos enfants, brillants
écoliers. Ils font honneur à Toukouzou. Madame Zaduo, nous allons nous
séparer maintenant à cause de mon emploi du temps très chargé.

Je vous présente donc toutes mes excuses et je vous promets que nous aurons d'autres occasions pour échanger.

Douba prit congé de Séinabou sans lui laisser le temps de parler. Mais, rien de tout cela ne l'avait impressionnée. Elle bouillonnait plutôt à l'intérieur, à l'idée d'avoir vu en personne, le présumé assassin de son mari. Quand Zinna, Vanin, Séina et Bédji grandiraient-ils? Quand est-ce que son fils préféré Wassa se lèverait-il et en intrépide guerrier, vengerait son défunt père, s'interrogeait-elle ?

Séinabou avait organisé des femmes de sa région en syndicat. Il fallait s'armer contre le myriapode de la fiscalité; surtout que l'administration est un ogre orgueilleux et vorace. Elle broie dans sa matrice énergivore les plus légitimes revendications des contribuables. Elle effraie les foules puis les contraint au refuge en faisant souffler son cyclone.

Alors, devant la force de l'administration, la lutte syndicale devait se taire au profit de la coopérative de commercialisation de produits vivriers. Séinabou choisit le temps comme allié et s'engagea à conquérir, d'abord, le pouvoir financier. Ses affaires firent un bond si prodigieux que même celui qui pouvait se vanter de l'avoir aidée se raviserait. Séinabou ajouta de nouvelles cordes à son arc en investissant dans le bâtiment. Ses propriétés s'accrurent, et devenue puissante,gagna en popularité grâce à ses nombreuses œuvres sociales. Ses fils Vanin et Zinna, bénéficiant d'une bourse d'études de Douba, se retrouvèrent dans une région de neige. La magie de l'aisance avait fait disparaître les rides de Séinabou. Elle avait amputé son âge de deux gousses d'années; chacune comportant une dizaine de grains.Désormais, dans les grâces du pouvoir, elle pouvait venger son mari. Ce n'était qu'une question de jour. Les circonstances découleraient de ses propres démarches. Pourquoi s'asseoir à vingt coudées du marigot et languir de soif?

À la périphérie sud de Dorgela, dans le prolongement des cités derrière lesquelles l'océan jouait sa cithare, s'offrait Awanakro. Les hommes couraient, s'arrêtaient, gesticulaient, puis disparaissaient comme des mille-pattes à la portée des fourmis magnans. Toubouilou et sa fille descendirent du taxi. La sexagénaire demanda à un cabaretier son chemin après la salutation d'usage. Comment retrouver dans l'engrenage d'un mélange de maisons en bois et en tôle d'où jaillissaient des essaims de mômes aux ventres arrondis et noirâtres comme une marmite de femme paresseuse, un certain Adjontévi Dieudonné? Une jeune fille apparut comme par enchantement et abrégea les bégaiements du commerçant. Dieu est bon! Souffla Toubouilou. Les deux femmes suivirent l'indicatrice. Le cortège s'ébranla dans un dédale de maisons où l'odeur du poisson fumé provoquait des palpitations. La marche semblait interminable quand soudainement, leur guide poussa une porte qu'un sac de sable avait rendu lourde et qui se referma d'ailleurs sans l'aide de quelqu'un. Séinabou et sa fille l'imitèrent.

Cet homme, tant réputé, constituait l'un des morceaux du puzzle de sa stratégie. Il fallait s'allier aux esprits, dresser spirituellement l'échafaudage au pied du baobab pour l'achever par des coups de haches. Et le matin, quand les profanes, les aveugles se lèveront, ils ne seraient que surpris de la mort de l'ennemi.

La petite maison était divisée par un rideau de tissu noir. Regardant autour d'elle, la sexagénaire découvrit un autel. C'était une petite élévation de terre où des plaques noirâtres de sang étaient parsemées de plumes et de duvets de poulets immolés. À l'angle, il y avait deux statuettes représentant l'homme et la femme. Adjontévi pratiquait sûrement le vaudou. La petite accompagnatrice annonça les visiteuses et un chant emprunté à un répertoire secret déchirant l'âme du rideau noir, vint les frapper. Parcourue par un mystérieux frisson, Toubouilou fit un pas en arrière. La fillette vint vers elle, s'inclina, puis se dirigea vers la sortie. Toubouilou la rappela et lui tendit un billet de banque qu'elle refusa. Dès qu'elle partit, le rideau se retira sur un homme à peine visible. C'était Adjontévi, le sorcier des sables. Il les invita. Elles se suivirent et s'engloutirent dans la maison en forme d'entonnoir.

Le décor étalé à leurs pieds était insolite: des têtes de chèvres, des peaux de reptiles, des têtes séchées de silures, des trophées de buffles, des mâchoires d'hippopotames etc. constituaient l'attirail visible de l'invisible univers dont il était le porte-parole. Adjontévi, d'une voix caverneuse, leur demanda de s'asseoir sur un banc branlant. Puis, il s'enquit de leurs nouvelles.
- Fils de génies, envoyé des esprits, dit Séinabou. Je suis là parce que tu as la renommée de justicier. Père, rends-moi donc justice. Apaise la douleur d'une mère, de la pauvre femme que je suis. Aide-moi!
- Allons à l'essentiel. Fais d'abord ton offrande aux génies.

Séinabou s'exécuta. Elle lui remit une liasse de billets de dix mille francs. Adjontévi, visiblement heureux, lui demanda:
- Que veux-tu?
- Ôter la vie à celui qui a arraché à notre affection un être cher. Mes enfants et moi avons perdu l'arbre qui nous protégeait. Notre arbre nourricier. Mon mari a été assassiné par un homme très puissant. Je réclame son sang. Que les djinns me soutiennent dans cette épreuve!
- Qui est cet homme?
- C'est Douba.
Adjontévi Dieudonné resta un moment silencieux. Soudain, il déclara:

- Rien n'est impossible au fils de la nuit. Seulement, interrogeons les génies pour le sacrifice.

Se levant comme le ferait un animal surpris, il fit deux bonds en avant et décrocha comme dans le néant, une queue protégée par du cuir tacheté de cauris. Lorsqu'il se rassit, il remarqua que les femmes haletaient; sa bicoque était mal aérée.

Il fit sonner un grelot, puis une femme ronde, les joues luisantes, vêtue seulement d'un pagne en cotonnade, sortit comme de nulle part. Des amulettes au cou et aux genoux, elle ouvrit la seule et petite fenêtre juste derrière le sorcier. En repartant, ses cuisses se frottaient énergiquement. Quant à son postérieur, on l'aurait pris pour une table si le créateur n'avait pas songé à le polir davantage. Adjontévi commença sa consultation. Il s'exprimait en français et en malinké. Enfin, il prescrivit le remède devant soulager Séinabou. Deux béliers et le lait provenant des mamelles de l'épouse ou de toute autre concubine du Président Douba, la cible.

Quand les femmes furent libérées de la tanière du féticheur, dehors, un vent agréable caressa leur visage. Tout à coup, le pied gauche de Séinabou heurta une pierre. Quel mauvais présage! Elle était terrifiée. Et si les esprits annonçaient un échec? Deux béliers pour une vie? C'était quand même absurde. Au moins dix bêtes pourraient faire l'affaire. Mais, le lait maternel réclamé donnait au sacrifice toute sa consistance. Alors, Toubouilou entonna un chant de guerre:

«Ka djela dô hooo
Lohou ka djela dô
Gouli yi bô
Gouli ho yi bô
Ha zou.»

Traduction : Chères sœurs, chères filles, la guerre est déclenchée ! Ceignons nos reins

Le sable crissait sous les pieds de Séinabou et de sa fille Séina. Un instant plus tôt, des billets de banque craquants avaient disparu à la hâte dans les poches du sorcier. Chose curieuse, sa mine dédaigneuse changea dès qu'il vit l'argent. Ah l'argent!

Une quinzaine de jours après son entrevue avec le féticheur, Séinabou put s'introduire dans le milieu du personnel domestique de Douba. Là, ses oreilles entendirent de nombreuses causeries, dont celle de ses maîtresses. Les trois jeunes épouses du Président se terraient quelque part à Dorgela. Séinabou Toubouilou partit à leur recherche. Que de chemins et d'obstacles! Elle découvrit, ô miracle, qu'une de ces femmes allaitait. La jeune femme habitait une énorme résidence à Terre bourgeoise. A la première visite, Séinabou gagna la confiance de la dame. Quelques semaines après, en mère attentionnée, ses paroles eurent valeur d'or massif. "Que la présence du bébé ne brise pas l'idylle de Douba et de cette fille qui est devenue la sienne. Utiliser une méthode de femme qui, plongée dans un foyer polygame, se bat pour conserver sa position dans le cœur de son époux. Il faut lui préparer une décoction à base de lait maternel". Vohinan, la petite dame recueillit donc dans un tube en verre son lait pour sa mémé Séinabou.Le lendemain, tard dans la nuit, elle reçut des mains d'un envoyé, le précieux breuvage. Ainsi, Séinabou Toubouilou put obtenir le lait de la concubine du Président et l'apporta à Adjontévi, le sorcier. Deux béliers comme des taurillons furent également apportés. Ce jour-là, Adjontévi, le porte-parole des génies, eut peur pour la première fois. Quelle détermination! En fait, l'homme, en demandant le lait de la femme ou d'une concubine de Douba, voulait simplement casser la prise. C'est l'attitude d'un arbitre partisan qui, au cours d'une compétition de lutte au clair de lune, désamorce l'empoignade pour éviter l'écroulement de son athlète préféré. Ce jour-là, Adjontévi Dieudonné perdit la voix car le travail de Toubouilou était compliqué. La détermination de la vieille dame l'a dérouté. Comment aller contre Douba qui lui avait offert une terre d'asile? Quand les porteurs des colis disparurent et que les nouvelles furent échangées, Séinabou et sa fille sortirent de la maisonnée du féticheur et s'assirent dans la cour blonde de sable de mer. Soudain, de chez Adjontévi, elles entendirent un cri suivi d'un bruit sourd et d'une claque sèche. Des paroles incompréhensibles, après des claquements de fouets, sortaient en rafale de la maison de bois. Les femmes se dressèrent, méfiantes.

Brusquement, les cris dans la maison s'accrurent. Adjontévi sortit comme un lièvre sous la menace d'une sagaie. Il s'écroula aux pieds de la sexagénaire.

« Maman! Maman! Allez à la maison, les génies sont fâchés!»

Et avant même qu'elles ne disent quelque chose, un cri de truie blessée échappa au sorcier et glaça le sang des femmes. Le rideau noir de la case d'Adjontévi se souleva d'un trait. L'immense silhouette de la compagne du sorcier émergea. Elle avait des œufs et de la poudre dans une assiette. Avant que le premier œuf qu'elle lançât ne touchât le sol et que le flot des paroles qu'elle débitait ne soit décodé, Toubouilou et sa fille dévalèrent les étroites ruelles du ghetto.

Quand les choses se calmèrent et que Séinabou revint le voir, le sorcier parvint à la rassurer. Il argumenta que la colère des génies est due au non-respect de la chasteté. Aller avec une femme la veille d'un travail aussi sérieux c'est mépriser les génies. En colère donc, ils le battirent. Mais, rien n'était perdu. Il reprendrait le travail. Toubouilou garda donc espoir. Néanmoins, ce fait insolite ne resta pas secret. Il tomba dans les oreilles du Président Douba et suscita curiosité. Il demanda alors qu'on convoque Adjontévi Dieudonné pour l'entendre. Il fut, manu militari, conduit dans les soutes du palais présidentiel. Rudement interrogé, il lâcha le morceau.

Après cette séance, Adjontévi le féticheur disparut. Et comme le Président Douba ne voyait rien transparaître, il convia Séinabou à une entrevue. Elle hésita et enfin s'exécuta. Elle n'avait pas voulu répondre à l'invitation. Pour elle, il fallait arrêter de rencontrer ce complice des Blancs. Il est un assassin.

Tout de rouge vêtue, coiffée d'un chapeau noir à large bord, Toubouilou portait un sac à couleur métal. Elle avait l'air d'un Viêt-Cong dans les marais de Hochi-minville. Quand elle arriva au palais présidentiel, le Président Douba l'accueillit chaleureusement. Elle trouva cette attitude ingénieuse. L'innocence qu'il affichait revêtait une remarquable maîtrise de soi. Après les salutations, l'homme, tiré dans un ensemble sahérienne blanc à quatre poches pendantes et un ceinturon à boucle éclatante à la taille, se mit à parler.
- Madame Zaduo, pourquoi voulez-vous m'éliminer? Pourquoi une si grande ingratitude de votre part? Vous, une reine, femme d'un honorable Prince malheureusement assassiné!
Je vous ai invitée, ici au palais, pour vous féliciter du brillant résultat scolaire de vos enfants. J'ai mis à votre disposition, à Waterloo, un immeuble de haut standing. J'ai donné des instructions afin que vous ne payiez plus d'impôt pour vos nombreuses affaires. Diantre! Pourquoi recourez-vous au service d'un féticheur pour me « voler la vie?» Séinabou, votre combat est ailleurs. Pensez-vous qu'on a fini avec les Blancs? Nos propres frères sont à leur solde.

Il lui relata en long et en large les propos du féticheur Adjontévi Dieudonné. Toubouilou manqua d'air. Contrairement à ses habitudes, elle demanda qu'on ajoute à sa limonade un peu de whisky. Si elle, jusque-là voyait Ad-

jontévi Dieudonné comme un diable, elle pouvait maintenant se convaincre d'avoir causé avec Belzébuth dans un corps humain. Comment un homme, né d'une femme, pouvait-il trahir à ce point une pauvre veuve qui lui a confié son secret, une mère l'ayant plus d'une fois couvert de billets de banque et de présents? Son cœur battait la chamade et elle ne put cacher ses larmes. Elle pleura longuement, secouée par des spasmes, comme une jeune fille trahie par son amant. Elle pleura comme le jour de l'assassinat de Prince Zaduo. Ahtrahison! Ahtrahison! Gémissait-elle, inconsolable. Après un temps relativement long et lourd, elle se calma. Douba lui raconta alors tout de ses rapports avec son mari. Le point le plus saillant dans ses propos est qu'il ne pouvait, pour rien au monde, faire assassiner Prince Za-duo, un ami de longue date, un collaborateur. Il était un chef, l'un de ses hommes sûrs dans le pays profond. Le complot du ''Touraco'' avait coûté la vie à des chefs et notables, des gradés de l'armée et Douba ne protesta quant à dégager sa responsabilité. Mais, pour la mort de son frère Zaduo, il disait n'être concerné ni de près ni de loin. Des gens, Blancs ou Noirs, avaient profité de la confusion pour écarter cet homme qui constituait un obstacle à leurs ambitions politiques dans le cercle de Guéria.
Douba poursuivit.
- Pourquoi devrais-je ôter la vie à quelqu'un que j'ai décoré de mes propres mains? Comment puis-je verser le sang d'un frère? De surcroît, un sanginnocent! Lâcha-t-il, énergiquement. Pour notre lutte, depuis l'aube des indépendances, ton mari a été pour moi, une boussole dans la région de Guéria. Il était un grand homme très utile pour nous tous. Tu n'ignores pas que la lutte a été âpre chez vous! Ton mari était l'encéphale de notre combat en ce lieu; le gouvernail qui nous empêchait de nous égarer. Toubouilou, le pouvoir est certes un cancer, mais dans mes mains, je veillerai à ce qu'il ne tue pas. Souviens-toi de tes deux enfants que j'ai fait partir en Europe.
C'est moi, moi Douba qui les ai personnellement inscrits sur la liste des bénéficiaires de la bourse. Etait-ce pour me flatter ou me donner bonne conscience après un crime aussi crapuleux?

Les paroles du Président mettaient en cause la position de la vieille dame. Tout ce qu'elle avait mûri, durant de longues années, tombait comme un château de cartes. N'en pouvant plus, elle se leva comme un automate et disparut par une porte où une indication signifiait qu'elle ne s'était pas trompée. Après un moment de silence qui parut des siècles, une chasse d'eau tirée siffla. Elle sortit de ce lieu discret, les yeux rougis. L'eau fraîche sur son visage avait progressivement adouci son cœur et sa gorge. Elle affirma avoir soupçonné mais pas accusé le Président. Elle gesticula longuement et demanda à partir. L'homme lui tendit une enveloppe kaki avant que le véhicule dans lequel elle était arrivée ne la raccompagne. Une fois chez elle, elle prit un bain chaud et s'enferma. Les consignes étaient que, sous aucun prétexte, elle ne devait être dérangée. Elle se trouva étendue sur le dos, les yeux fixés au plafond blanchâtre de sa chambre. Comment avait-elle été hantée durant de si nombreuses années par une idée dont la carapace n'était pas plus solide qu'une fibre de coton! Pourquoi avait-elle indexé cet homme? Elle conclut alors que la vie est comme une figurine peinte dans la nuit. On utiliserait forcément une aquarelle jaune à la place d'une beige. Elle s'était trompée sur le compte de Douba.

Tel un Train à Grande Vitesse, les années filaient. Wassa était devenu grand et fort cultivé. Séina avait goûté à la noblesse du mariage. Vanin, Zinna et Bédji étaient des hommes parfaits, sauf que l'Occident où résident les deux premiers ne connaissait ni le chant des colibris ni la chatoyante robe des grues couronnées. Toubouilou, l'analphabète, était devenue incontournable à Toukouzou. La confiance entre Douba et elle était devenue solide. Des années passèrent. Douba tomba malade et fut hospitalisé à Flanci. Il ya de cela une trentaine d'années qu'il ne l'avait pas été. Pourquoi Flanci? N'y avait-il pas d'hôpital crédible à Toukouzou pour le soigner? S'interrogeait le peuple. Oui! Douba avait été souvent malade mais, tout était caché au peuple. Et jamais il n'a accepté de se faire interner dans un hôpital de la place. C'était s'exposer à la mort. Il se méfiait de tout le monde, les médecins y compris. Même ses fonds étaient déposés dans les banques de Flanci. Pour lui, c'était un lieu sûr. Cette hospitalisation fait suite à un malaise qu'il a eu dans la soirée. Douba perdit connaissance et seéveilla dans un hôpital militaire de Flanci, entouré d'une poignée de personnes. On lui fit savoir que son état de santé l'obligerait à rester plus de six mois loin de Toukouzou, son pays. Il aurait cru à un coup d'Etat, si les hommes qui l'entouraient n'étaient pas ceux en qui il avait une totale confiance.

Il ordonna:

- Grah Léiyi, rentre à Toukouzou et informe le peuple. Dis-lui que je suis à Flanci pour des soins!

Puis, il demanda aux autres de sortir et l'invita à s'approcher de lui. Avec une voix à peine audible, il dit:

- Cette maladie va m'emporter. Pense à tenir les rênes du pouvoir!

- Comment? Pour le moment je n'ai pas le droit. Tu es encore en vie. Ton poste n'est pas vacant.
- De quel droit-tu? Fais ce que je te dis!

Douba se mit à tousser violemment, puis il plongea dans un profond coma. Pour obéir aux propos du malade, Grah Léiyi sans tarder prit un vol pour Dorgela. Mais déjà le peuple était informé. Quelques mois après, Toukouzou fut consterné à l'annonce de la mort de Douba, son premier Président.

Les funérailles furent grandioses. Toutes les régions y prirent part. La plupart des dignitaires du monde entier démontrèrent par des discours et des témoignages la grandeur de Douba. Il fut la fierté de Toukouzou.

En dépit de la douleur qui les tenaillait, les fils et filles de Toukouzou se divisèrent et se rangèrent aux côtés de Moctar Douby, ancien administrateur du palais de Douba, Grah Léiyi et Sodja Amanzan pour la conquête du pouvoir. La guerre de succession était ainsi déclarée. Mais, Grah Léiyi prit le dessus car tout était préparé en sa faveur. Malgré sa prise de pouvoir, une crise sournoise couvait. L'héritage de Douba était-il difficile à entretenir? Aurait-il emporté dans sa dernière demeure l'âme du pays? Depuis l'époque coloniale jusqu'à la date de sa mort, trop de choses, trop d'actions socio-économiques, trop de discours le liaient à sa patrie. Il était vénéré par le peuple. Grah allait-il continuer l'œuvre de cet illustre prédécesseur ou imposer sa vision? Pour lui, le plus important était de maintenir d'abord le peuple dans l'alvéole de la servitude. Ce qui n'était pas du goût de l'opposition pour qui cette pratique était révolue.
Dally était le chef, le maître à penser de l'opposition. Mais englué dans des combines politiciennes depuis des lustres, ses actions légitimes n'avaient pas de portée. Le pouvoir de l'opposition était presque inexistant. Seule, la constance de Dally était l'arme de ceux qui désiraient le changement.

Des mouvements de protestation, de violentes manifestations médiatisées furent des signes précurseurs des changements sociaux. On assistait, ainsi, à l'aurore du renouveau. Cette révolution malgré sa hargne et son ardeur ne pouvait dans son élan, accepter la violence. Tous les fils du pays, ceux dont la langue n'était pas fourchue comme celle des vipères, s'unirent. D'autres attendaient le moment idéal pour entrer en action.

Il faisait encore sombre. Le jour se débattait dans les langes de l'aube quand une voix lointaine se fit entendre. Cette voix tonnait à un intervalle régulier, précédée chaque fois, de tintements de grelots. Elle n'annonçait pas un masque mais plutôt un grand rassemblement. C'était la voix de Fohou, le premier notable de Droh. L'homme saluait d'abord puis lançait: «Hommes, femmes et jeunes, fils de la terre noble des Wassa, fiers bâtisseurs de bourgs, réveillez-vous et écoutez-moi! Le Chef m'envoie vous dire que le commandant viendra et qu'ensemble nous parlerons des funérailles de Douba, le bâtisseur. L'homme dont les mains ont jeté des ponts d'acier sur les cours d'eau et planté les immeubles dans les plaines. Venez pour qu'ensemble nous prouvions notre attachement au père de la nation.

Le fromager est tombé, mais la terre où il est étendu ne doit pas renier son prestige. Alors, venez car on n'honore pas la mémoire d'un lion avec des épis de mil.»

C'était une invitation à un grand rassemblement pour les funérailles de Douba. Ce message, depuis l'aube, était lancé par la vieille Séinabou Toubouilou. Deux jours plus tôt, le successeur de Douba l'avait reçue. Ce jour de rassemblement, jour d'harmattan où les rafales de vent volaient les céréales dans les vans et explosaient les fruits des baobab, Toubouilou, vêtue d'une robe fleurie en satin rouge exposant des motifs blancs, telle une geisha, accompagnée de son chauffeur et d'un employé, se rendit à la place publique où étaient déjà installés Basséri et toute sa notabilité. Quelques instants plus tard, apparut la voiture du Sous-Préfet habillé d'un complet kaki. Lorsqu'il descendit, longues furent les salutations protocolaires. Après quoi, on engagea la palabre. Zirigoué le modérateur qui maîtrise la langue locale, arrachait des acclamations à l'auditoire suspendu à ses lèvres. La chaleur du soleil réconfortait les corps de la fraîcheur de l'harmattan. Si l'éloquence des uns fut bruyamment couronnée, la pertinence des propos de Séinabou Toubouilou chassa les moineaux de la distraction et les renards de la ruse. Elle rapporta des paroles, feuilleta, avec les villageois, les livres qui meublaient la bibliothèque de leur mémoire:

- Frères et sœurs! Douba, le père vénéré de la nation est décédé. La mort nous a ravi un être cher, celui qui nous a arraché des griffes des colons, les Blancs. Celui qui nous a redonné notre dignité de peuple noir. Voici qu'après lui, des frères du même sang, les fils et filles de Toukouzou entrent en guerre pour le trône. Même ceux qui ignorent l'art de gouverner tiennent absolument à prendre la place de ceux qui ont toujours et mieux dirigé notre pays. L'égocentrisme va nous perdre. Entendons nous, donc, pour l'intérêt de notre nation. C'est la seule issue pour notre prospérité. Toubouilou s'arrêta et le Sous-préfet prit la parole:

- Nous devons nous aimer les uns les autres. Ne jamais adopter envers autrui une attitude qu'on ne supporterait pas, c'est avoir une intelligence positive. Si nous voulons faire taire les querelles politiques, c'est le seul moyen. Frères et sœurs de ce beau village de Droh, vivez en bonne intelligence avec les étrangers, avec tout le monde. Evitez que la politique vous divise chez vous.

Toubouilou reprit la parole:

- Peuple de Droh, Douba a fait beaucoup de bonnes choses pour nous. Toutes les régions de Toukouzou vont prendre une part active à ses funérailles. Guéria ne doit pas être en reste. Il faut s'unir car dans l'ombre, parole de l'illustre disparu, les Blancs complotent contre nous. Ils nous épient. Ouvrez les yeux, ils n'ont de blancheur que leurs yeux et leur peau. Soyons forts, unis et courageux, et nous gagnerons.

Après ses propos et le don de dix bœufs, quinze camions de produits vivriers et cinq millions remis au Sous-préfet pour les obsèques de Douba, la foule l'ovationna si fort que le bruit provoqua l'envol des tisserins du gros arbre planté au centre de la place publique. Elle avait ainsi toute seule, payé la petite"dette" de Guéria.

5

Le salon de Grah était huppé et confortable. Des hommes discutaient en sourdine. Maquereaux ou sardines, Séinabou savait que parmi eux s'étaient introduits des piranhas, ces petits poissons carnivores. Par ailleurs, des sangsues, des requins blancs à la voracité légendaire. Il y avait aussi des poissons trompettes. Tout pouvoir a dans sa nasse ces différentes variétés.

Un homme filiforme, au crâne tondu lui fit appel. Tenant un dossier en main, il parla longuement. Il gesticulait, comme un avocat à la défense. La vieille dame entendait parfois son nom. Elle était inquiète parce qu'elle ne le connaissait pas. Néanmoins, elle put saisir quelques bribes de son discours. Il disait:

« Grande militante mérite récompense. Elle contribue au développement du pays. »

Cet homme-là s'appelait Djéhi et exerçait la fonction de conseiller politique du Président. Il avait demandé que soit nommé un ou deux enfants de Toubouilou et qu'elle-même soit admise comme membre du conseil économique et social. Travailleuse et populaire, elle y avait sa place.

Deux semaines plus tard, elle revint au palais. Le Président et elle se rencontrèrent dans une salle ovale aux fauteuils rembourrés. Le mur peint en bleu-ciel était attrayant. Soudain, une odeur de café pur chatouilla ses narines. Deux serveuses étaient là avec du café et des croissants. Grah Léiyi tout en sirotant son café, prit la parole et ses gardes s'éloignèrent pour ne pas écouter la conversation.

- Séinabou, merci d'être venue me voir. Sachez que j'ai tenu à réparer une injustice à votre endroit. Vous êtes une femme au service du développement et vos œuvres en témoignent. Vous avez été loyale avec Douba et vous continuez de défendre la République. Pour ces raisons, j'ai donné mon accord pour votre nomination au poste de conseiller économique et social.

Il touchait, de temps en temps, le nœud de sa cravate, et Séinabou, attentive, avalait sa salive. Prenant de revers son interlocutrice, il lui posa une question.

- Que pensez-vous de cette nomination ?
- Heureuse! Je suis heureuse mon Président, balbutia-t-elle. Je ne peux que vous dire merci.

- C'est plutôt mon gouvernement et moi qui vous remercions madame Zaduo car nombreuses sont vos actions pour la bonne marche du pays.

Toubouilou se sentit honorée.

- Et vos enfants? Je réserve le ministère de la jeunesse à l'un d'eux. La fille

Séinabou flottait dans la salle. Quand elle revint à elle, des salutations corsées encensèrent le Président. C'était une grande marque de confiance à son égard. Elle égrena à l'oreille de Grah Léiyi la vie de ses fils aînés. Ceux-ci, en Occident, avaient bien des chats à fouetter. Ces propos donnaient à Séina toute la chance d'être Ministre. Et ce fut effectif car le Président reconnut la justesse des propos de Séinabou. Elle fut donc promue Ministre. La fierté comme un paon dans un jardin royal gonfla le cœur de Séinabou. Quand elle reprit ses esprits, elle dit:
- Monsieur le Président, ne vous fâchez pas pour ce que je vais vous dire. Mon Président, je suis femme de gare, femme de marché et je vous demande de faire attention à ceux qui disent que tout va bien. Mon Président, la cherté de la vie gagne du terrain et le peuple est à bout. Il faut organiser une grande réunion avec les commerçants et tous les propriétaires de camions. Cela va calmer le peuple car nous entendons trop de choses depuis que Douba est décédé. Mon Président, vous êtes très bien et je vois pourquoi vous avez été choisi pour conduire ce peuple. **N'**oubliez pas Douba! **N'**oubliez pas son génie! Il faut parler avec les gens. Si vous agissez ainsi, tout le peuple sera avec vous. Merci mon Président.
- Merci, renchérit Grah qui reconnut que les remarques de Séinabou étaient judicieuses.

*   *

*

Une année pleine de gaieté s'écoula. Le temps était gris et les dards des rayons solaires poursuivaient tous ceux qui déambulaient dans les rues. Il était midi et le palais présidentiel, après le conseil des Ministres était noir de monde. Des journalistes couraient par-ci et par-là. Des employés du lieu aux vestes longues, en blanc et noir comme des martinets, faufilaient les invités avec des plateaux de verres et des friandises. Séina, la Ministre de la jeunesse et des sports, avait reçu l'ordre depuis des jours que Grah, devait la rencontrer avec ses frères Zinna et Vanin qui, depuis la nomination de leur sœur, sont rentrés au pays pour occuper des postes administratifs et politiques. Au jour du rendez-vous, dans la salle d'attente, les frères parlaient de tout et de rien. Par moments, ils étouffaient des éclats de rires.
Quand se dépeupla le palais, un grand vent souffla. Le ciel dégagé semblait avoir livré bataille contre tous les nuages. Toubouilou, informée de cette convocation surprise, ne parvenait pas à se défaire des tentacules de l'an-

goisse.

Depuis waterloo, quartier résidentiel de Dorgela, les yeux de son âme regardaient ses enfants dans leur tête-à-tête avec le Président Grah à son secrétariat particulier. Le choix du décor, la couleur des meubles affichait la grandeur et l'expérience du dessinateur. Un grand portrait de Douba les épiait comme pour modérer la conversation.

- Je vous ai honoré en vous ouvrant mon cœur et les bras de mon gouvernement. Mais, les informations qui me parviennent de votre région rendent à mes yeux de politicien votre compétence dubitative. Le parti, notre parti est en train de mourir de sa plus belle mort, chez vous. Vous êtes effacés, lâcha-t-il. En politique, on ne s'efface pas. Si tu dois tuer un chien pour te faire entendre, tu le fais. Même s'il faut te battre contre un fou pour qu'on parle de toi, n'hésite pas à le faire. Son assistance écoutait muette et étonnée. Croyez-moi! reprit-il.

Votre électorat est disloqué. Si vous croyez légitimer votre dévotion à l'administration seulement, quand les rênes du pouvoir nous lâcheront, vous chercherez partout cette administration et vous ne la trouverez pas. Si les choses demeurent en l'état, je serai obligé de trouver d'autres compétences dans votre entourage pour nous assurer la victoire des prochaines élections. Je vous recommande de vous mettre sérieusement au travail.

Quand ils voulurent s'éclipser, un employé du palais les informa que le Ministre de l'intérieur désirait les rencontrer. Ils se retrouvèrent dans un jardin hors des regards indiscrets des journalistes. Bien que le cadre qui les recevait soit plaisant, le trouble chevauchait plus d'un cœur. Treila Akaa, le Ministre de l'intérieur interrogea Vanin:

- Pourquoi nous exposez-vous dans la presse?
Sans attendre la réponse, il continua.
Vous prêtez le flanc à ceux qui nous combattent. Vos propos, sans recourir à la sagesse de nos dignitaires, sont une plaie que vous avez ouverte.
Les frères n'en croyaient pas leurs oreilles.

- Nos faiblesses doivent se gérer en privé. Pourquoi osez-vous les étaler à la place publique? Madame et messieurs, vous nous vendez à nos adversaires politiques. Mûrissez politiquement, sinon notre barque plongera. Beaucoup de cadres sont prêts à vous remplacer, mais la grandeur de votre mère temporise nos réactions. Séinabou, c'est l'expérience. Mettez-vous à son école. Le Président m'ayant chargé de vous entretenir, ne veut plus de Vanin au poste de Directeur régional du parti; il est limogé. Rentrez bien et restez à l'écoute du bureau politique. Vanin, tétanisé par ces propos, venait de comprendre que la politique était, tout simplement, un jeu d'échecs.

Les frères Zinna, Vanin et Séina allèrent se réfugier dans le bureau de cette dernière dans un immeuble de cristal à la cité centrale où se regroupaient tous les ministères. Que leur reprochait-on exactement? Une conférence de presse dont Vanin était l'organisateur principal, avait pour thème: LE CHOMAGE EST-IL INCURABLE?
Les jeunes avaient applaudi cette initiative qui les réconfortait face à la question de l'emploi. Ils avaient même décidé d'organiser une pétition pour faire adopter par le Gouvernement le projet jeune de Séina. Devant un parterre d'invités, l'objectif avait été atteint. Séina, la Ministre de la jeunesse et des sports, le conférencier, avait exposé, avec preuve à l'appui, les insuffisances de la nouvelle politique du gouvernement quant à l'insertion des jeunes dans le tissu social.

D'une façon magistrale, elle présenta les atouts de son projet qui fut rejeté par le Gouvernement et les lacunes de celui adopté qui paradoxalement ne venait pas d'elle, le premier responsable de la jeunesse.
Comment le Président pouvait-il voir cette action de promotion de la jeunesse d'un mauvais œil? Séina n'en revenait pas. Son action éclatante ne pouvait pas être d'un seul trait ignorée. Si Vanin est révoqué, c'est qu'elle n'est pas loin de l'être. Vanin écarté? Qu'avait-il réellement fait! Il n'a été que le maître-d'œuvre de cette conférence. Aussi, comment pouvait-il empêcher les étudiants de sa région, de profiter d'une affaire de champ saccagé par les bœufs pour brandir des pancartes hostiles à la république? Et les journalistesen firent écho.

Pouvait-il les empêcher d'écrire? Devait-il s'asseoir à la gare routière et vérifier minutieusement l'identité de tous ceux qui entraient dans la région? Même, un magicien, devant cette option, échouerait.
La fonction de Directeur régional de parti politique est sans doute réservée aux hommes sans foi ni loi. Zinna, Directeur Général d'une société d'Etat, était tout de même inquiet bien qu'il ne fût pas concerné.
Séinabou, soupçonneuse, appela de son téléphone portable ses enfants qui lui firent le récit de leur calvaire. Avec un sang froid surprenant, elle préféra les calmer. Il y a toujours de l'espoir tant que les bras restent soudés au buste, dit-elle.

6

Dorgela comptait de nombreux quartiers résidentiels dus à l'émergence d'une nouvelle classe de bourgeois, tirant essentiellement leurs ressources de la politique. Les richesses minières, minéralogiques, agricoles et surtout les nombreuses manufactures de Toukouzou, voire de Dorgela, avaient aussi favorisé l'immigration accrue des ressortissants des pays voisins. Le peuple en était inquiet. Toujours fidèle et suivant son chemin telle une étoile filante, Dally l'opposant menait sa lutte. Du vivant de Douba, les changements qu'il désirait et qui justifiaient son engagement ne pouvaient s'opérer. Douba était simplement puissant. Son emprise sur le peuple était totale.

Après Douba, ses inconditionnels malgré tout le temps passé à son école, essuyaient les huées du peuple qu'ils n'arrivaient pas à dompter. Devant cette catastrophe, certains ont choisi de mener une double vie comme des amphibies. Le jour, ils s'attaquaient à l'opposition et la nuit, ils faisaient son jeu. Grah n'avait pu calmer les rancœurs longtemps étouffées par son prédécesseur. Toutes les voix finirent par se lever.

Tout commença par l'augmentation des impôts et du prix des denrées de première nécessité. Les bourgs, villages et villes haletaient sous les garrots de la cherté de la vie. La grogne du peuple s'amplifia et un matin où les flaques d'eau, rouges comme l'iris du dragon, décoraient les voies à bitume crevassées de Dorgela, signes visibles d'une saison pluvieuse fournie, une crise éclata. Loin dans le pays profond, à Guéria, la rumeur s'empara de l'événement et s'extasia à souhait.

Mais, que s'était-il passé à Yolouzra dans le canton Mass?
Els Missara, fille d'un banquier belge, anthropologue, s'était rendue à Yolouzra pour des recherches. Elle y avait pour correspondant un ex-cheminot, Soféri-Tah. Celui-ci avait fait sa connaissance en Haute-Volta quand la compagnie de chemin de fer l'employait. Après sa retraite, revenu au pays natal, l'homme en dehors des travaux champêtres s'était converti au métier de vulcanisateur. La Belge, Els Missara, belle comme la lune et un coucher du soleil sur un cours d'eau, n'avait laissé indifférent le Préfet de la région. Soféri-Tah semblait l'élu de cette âme prestigieuse. Cet être splendide issu de la lignée des conquérants, des conquistadors, de ceux qui avaient repeint l'Amérique et marqué l'Afrique au fer rouge, s'attacha à ce moins que rien. Elle s'attacha à ses dires, à ses rires, à ses humours et mêmes à ses fantasmes.elle découvrit le mystère du cure- dent gouro. Et les

ragots, comme une perdrix piailleuse des champs d'arachide, atterrit sur le bureau du Préfet. En colère, l'administrateur jeta le pauvre vulcanisateur dans une geôle immonde.

Son incarcération fut mal accueillie par les habitants de Yolouzra et ceux de toutes les provinces environnantes. AhLe pouvoir! Gémissaient les femmes aux seins flasques, le visage creusé, les cheveux en vrac, broussaille impénétrable roussie par l'huile de palme de la défaite. Elles étaient à l'ombre d'un tamarinier. Comme Soféri-Tah, elles étaient, aussi, des prisonnières du pouvoir. Un véhicule de type 4 X 4 blanc, la veille, était apparu à Yolouzra. Quatre hommes dont deux blancs, une mulâtresse et leur chauffeur noir étaient venus récupérer les affaires de la Belge qui, depuis le déclenchement des émeutes, s'était évanouie dans la nature. Elle était assurément à Dorgela dans un hôtel. Et pourtant, Soféri-Tah croupissait dans la prison de la préfecture dans l'indifférence des gardes et fonctionnaires qui déambulaient muets comme des carpes.

Soudain, le véhicule poussiéreux du Préfet qui rentrait d'une tournée, s'immobilisa. Tous les nuages, les gardes et même le vent se mirent au garde-à-vous. On vit apparaître un homme au ventre volumineux. Il ordonna et un garde accourut. La foule, sous l'arbre réclamant la libération de Soféri-Tah, bourdonnait.

Diable! Lorsque le garde ouvrit le coffre arrière du véhicule, un spectacle, qu'aucun esprit ne s'imaginait s'offrit au public. Deux septuagénaires en haillons, lèvres tuméfiées, bras attachés dans le dos, furent sortis du coffre: Basséri, le chef de Droh et Boli Gaspard, le chanteur traditionnel du même village. Cette vue des prisonniers déchaîna la foule. Elle se rua, telle une meute de loups affamés sur tout ce qu'elle trouvait comme élément témoignant de l'arrogance du pouvoir. Tout fut saccagé.

En retour, le gouvernement de Grah Léiyi réagitil trouva audacieuse et même frustrante l'attitude des villageois qui avaient libéré tous les prisonniers et battu le Préfet. Il envoya une expédition punitive. Les matraques fracassèrent des crânes. Des femmes et des filles non nubiles furent violées. La marée de violence noya des vieillards. Les enfants ne furent pas épargnés. Les «rangers» du pouvoir avaient cassé toutes les mottes de terre de la résistance. Les animaux domestiques(cabris, moutons et bœufs), furent tous égorgés pour calmer la faim des soldats. Pendant ces moments-là, tout fut gratuit à Yolouzra assiégé. Les coups de pied, les bizutages, les viols, les incendies, etc. ne se comptèrent pas.

On obligea des hommes à épouser la mort, à chevaucher l'horreur, à consommer leur totem. Comment un homme pouvait-il manger son propre fruit, sa propre graine? Comment pouvait-il avoir des rapports sexuels avec sa propre fille? Après ce douloureux épisode, Grah Léiyi déclara qu'un jeune homme revenant des champs, apeuré à la vue des soldats en patrouille, s'était blessé en tombant de son vélo. L'information passait en boucle pendant que les neveux habilités selon la coutume à ensevelir les disparus étaient assidûment à l'ouvrage. Le bilan des autorités donnait un blessé, douze poulets emportés et trois taureaux en fuite.

Toubouilou était affectée par ces événements qui ont eu lieu dans sa région, surtout l'arrestation de Basséri, le cadet de Prince Zaduo son défunt époux, nouveau chef de village de Droh. Elle sollicita une audience auprès du Président Grah Léiyi. Il prétexta un manque de temps et ne donna pas de suite. Mais, de même qu'un wagon de train en cache un autre, le soulèvement contre l'injustice gagna d'autres régions qui refusèrent de payer les impôts et boycottèrent les commerces. Aussi, l'opposition n'était-t-elle pas favorable à la loi électorale. Selon elle, il fallait élaborer un nouveau code électoral pour susciter plus de démocratie à Toukouzou, un pays tiraillé de toutes parts.

*   *
*

Avril jappait. Le ciel était menaçant. Le soleil essoufflé par les caprices des éclairs et étourdi par les détonations du tonnerre.

Toubouilou, pressée et épuisée par les interpellations des ressortissants de Guéria décida de rencontrer Dally Manego, le chef de l'opposition.

- Dally, mon fils, dit-elle. Depuis l'assassinat de mon époux, j'ai accusé les Blancs du malheur de notre peuple. Maintenant, regarde un tant soit peu ce que fait Grah Léiyi à ses propres frères. Aucune raison ne peut justifier ce comportement exécrable. Mes parents sont opprimés par le pouvoir. Et là, ce ne sont plus les Blancs. Ce sont mes propres partisans, les inconditionnels.

Remuant tout doucement la tête, Dally Manego prit la parole.

- Mère, tu es réveillée parce que cet orgueilleux de Grah Léiyi réprime les tiens. Moi, je dis que c'est la continuité du pouvoir de Douba. Grah Léiyi et Douba, c'est pareil. Seulement, les méthodes diffèrent. Douba exploitait le peuple avec diplomatie. Il égorgeait sans faire couler le sang. Il avait le don de dissuader ses ennemis. Mais, sache aujourd'hui que le pouvoir, chez nous, à Toukouzou est celui des Blancs de Flanci. Nos dirigeants ne sont que des pantins dans leurs mains. Tu as toujours en face de toi les Blancs.

Après ces propos de Dally, Séinabou revit subitement le film où elle s'entretenait avec Douba qui se justifiait de la mort de Prince Zaduo et lui disait que l'ennemi commun était plûtot les Blancs et les frères qui sont de connivence avec eux.

Elle continua de charger Grah Léiyi.

- Dally! Certes les Blancs sont la cause de nos malheurs mais dans ce cas-ci, ce ne sont pas eux qui ont demandé à Grah Léiyi de tuer ses propres frères. Ce ne sont non plus eux qui lui ont recommandé de m'humilier. Refuser de me recevoir alors que privilégiée. Moi, Séinabou Toubouilou, son soutien indéfectible dans la région de Guéria, comment peut-il oser ainsi bafouer ma dignité?

- Mère, est-ce que tu es au courant des guerres qui se déroulent un peu partout en Afrique?

- Oui! Mon fils Wassa me commente souvent l'actualité politique d'ici et d'ailleurs. À la télévision, dans les journaux, etc. Il dit que généralement, les guerres civiles proviennent du fait des Blancs qui contre les règles du jeu démocratique, cautionnent le maintien au pouvoir de façon prolongée, des dirigeants qui font leur affaire. Ceci incite tôt ou tard le peuple à se soulever. Souvent, ces mêmes Blancs envoient leurs soldats pour protéger le pouvoir en place, au grand dam du peuple.

- Ce n'est pas faux. Chez nous ici, c'est le même schéma. Tu ne vois pas que ça fait longtemps les inconditionnels sont au pouvoir?

Tu ne vois pas de nombreux Blancs exercer dans notre administration? Penses-tu vraiment que le peuple est satisfait de sa condition de vie? N'est-il pas contraint d'accepter cette situation?

Notre travail maman, c'est de dénoncer cette injustice. Notre peuple souffre en silence.

- Non, mon fils! Je ne peux accepter cela. Nous devons nous lever, nous fils et filles de Toukouzou. Nous devons lutter contre l'oppression sous toutes ses formes. Nous devons avoir un même et unique combat. Il faut agir ainsi, partout en Afrique:

Lutter contre l'impérialisme pour le bonheur de nos peuples. Si c'est ainsi la gestion du pouvoir des inconditionnels, je vais me désolidariser d'eux.

Ah! Je vois que la mort de mon mari n'était qu'un tout petit pan d'un grand désastre. Dally! Nous nous rejoignons pour le combat de la liberté que tu as toujours prôné.

Visiblement heureux, Dally renchérit.

- Mère, allons donc à la sensibilisation pour le changement des mentalités. C'est le préalable à notre liberté. Nous serons, alors, un. Et nous opterons tous pour l'intérêt commun, le bien de notre nation.

Dally avait raison, mais il n'est pas question de lui confier le destin de Toukouzou. Il est encore sans expérience et sans moyens pour le porter sur ses frêles épaules. Séinabou en était meurtrie. À quel saint devait-elle se vouer? Il fallait procéder autrement. L'idée de créer un parti politique l'effleura. Aux côtés de Douba, elle avait réalisé beaucoup de choses, non seulement à Toukouzou, mais également chez elle à Guéria.

Elle avait tant combattu pour le peuple et surtout pour ses parents qu'elle ne pouvait rester indifférente à leur souffrance. Quelle que soit la race de l'oppresseur, son appartenance politique, elle se lèvera contre lui au prix de sa vie.

La révolte gagna tout le pays. À Dorgela, les pillages de badauds bloquaient les activités des marchands. Les commerces restaient fermés et le monstre de la menace s'extasiait dans les journaux. Au-dessus des têtes, les nuages portaient des épées. Grah Léiyi choisit de mater la rébellion. Il commit à cette tâche le général Amanzan Sodja et promit aux soldats des primes pour les inciter à mener à bien cette délicate mission. L'armée fut sans pitié. Le calme revint mais, le fossé entre le peuple et le pouvoir s'élargit.

La rancune s'empara des populations qui se déportèrent dans le rang de l'opposition pour la conquête du pouvoir. Tout ce travail de l'armée pour instaurer cette paix précaire ne fut pas reconnu par Grah Léiyi. Il ne paya pas les primes. Pire, il refusa toute discussion avec les soldats en colère. Il assassinait ainsi le dialogue dont il était pourtant le garant.

Après l'intervention du Ministre de la défense qui n'eut pas gain de cause, le général rencontra le Président Grah Léiyi. Il fut intraitable. Toute la démarche du militaire, pour dénouer la crise fut vaine.

Et l'armée, bras séculier du pouvoir, se désolidarisa de son chef suprême pour se rapprocher du peuple. Ainsi, entre le concert des rafales et les clameurs d'une population en liesse, le général Sodja Amanzan devint le nouveau Président de Toukouzou. Quand la frénésie s'estompa, le nouvel homme fort entreprit de rencontrer les forces vives du pays. Il se rendit au domicile de Séinabou Toubouilou terrée dans le sous-sol de son immeuble. Cette visite, qui paniqua plus d'un, s'engagea sur un air de méfiance. Une vingtaine de soldats entrèrent avec leur chef et prirent place dans de somptueux fauteuils.

Au mur blanc, les effigies de Douba et Grah Léiyi rendaient le domicile suspect. Grah Léiyi s'était exilé et Séinabou découvrit son successeur. Les salutations d'usage terminées, elle ne cacha pas la crainte qui l'habitait devant des gens en tenues militaires. Mais, Sodja la rassura. Il désirait son aide pour mener à bien sa mission. Le tambour que battait son cœur s'éteignit petit à petit comme la naissance du jour fragilise l'orgueil des lucioles.

Elle le conseilla de faire appel à Dally un vieil opposant qui saurait mieux contribuer à la gestion du pays. Sodja répondit comme répondrait un conseiller d'enfant mal entendant. Il articula en ces termes:
- Dally est un homme de l'ombre. Il n'a jamais gouverné. Il est resté loin du pouvoir avec ses théories. Sont-elles bonnes? Si oui, sont-elles applicables? Ils parlèrent longuement et Séinabou conclut qu'elle pouvait l'aider. Aussi, lui avait-il révélé que Grah Léiyi travaillait pour les Blancs contre le pays. Toute l'économie de Toukouzou leur appartenait, eux et lui. Non! Douba n'avait jamais agi ainsi. Séinabou se leva brusquement et arracha au mur la photo de l'incriminé comme pour montrer qu'elle épousait toute la thèse du nouveau Président.

Quand les militaires se sont retirés, elle resta toute seule. Et ses larmes coulèrent. Douba son protecteur, en choisissant Grah Léiyi pour le pouvoir s'était-il trompé? Mais, au fait, était-il possible de payer cette prime des soldats? Ce devrait être une somme importante. Un tel montant entassé billet par billet serait plus haut qu'une case. Même sa fortune personnelle aurait été ridicule pour satisfaire l'héritier de son protecteur Douba. Il leur avait toujours dit que le militaire n'est pas bon pour le pouvoir d'Etat. Quand elle avait évoqué le nom de Dally, on a brandit son expérience comme la manche d'une daba mal aiguisée. Sodja s'était présenté comme le plus attentif disciple de Douba. Et pour cette raison, elle devait le soutenir pour continuer de tenir les Blancs en respect.
Quelques jours après, elle entreprit une tournée de sensibilisation. Huit minibus, quatre véhicules tout-terrain et un gros camion de publicité furent du convoi. Dans les hameaux les plus reculés, les endroits difficilement acces-

sibles, elle alla rassurer les populations engluées dans la bave de nombreux changements.

*   *
*

Sous un soleil de plomb, Manhiva, à l'entrée de Dorgela, puait l'alcool. De jeunes gens sans vergogne, les uns en civil, les autres en tenue scolaire, faisaient un vacarme infernal. Les pieds sur le trottoir, les bras sur la voie, des marchands de cosmétiques collaient à la peau des passants, leurs éventuels clients. Soudain, des voitures sombres et ronflant tels des rhinocéros, surgirent. Les mendiants détalèrent plus vite que les biens portants. Des boutiques se fermèrent discrètement. Des soldats excités happèrent des passants et les entraînèrent violemment dans leurs cargos. La musique des bars dancing s'arrêta d'un coup. Des jeunes furent enlevés. C'étaient en fait des rafles. Les sévices subis au quartier général de l'armée où ils furent déversés provoquèrent la mort de deux lycéens. Le pouvoir se montra intraitable et s'habilla en rouge et noir. Les journalistes "Kpakpato" devinrent élogieux, malgré la commande de plusieurs ambulances et des pelles pour croquemorts. La cascade des disparitions attristait le peuple. Les fausses alarmes de certains "inconditionnels", ayant pris parti pour le nouveau pouvoir, le poussaient à des arrestations abusives de faux-comploteurs. L'opposition était, pour Sodja et son comité comme la peau de biche sur le dos du masque goly qu'il fallait taper régulièrement pour qu'il marque un temps d'arrêt. La majorité des journalistes soutenait le nouveau pouvoir. L'action que celui-ci menait pour annihiler tous les faits et gestes de ses rivaux politiques semblait donc justifiée. On taxait les opposants d'imposteurs et de prétentieux, se douchant à la fontaine du pluralisme politique. Pour le nouveau pouvoir, la démocratie se résumait uniquement à la présence d'autres partis politiques. Sinon, la pensée unique devait se maintenir, du moins, il fallait y arriver coûte que coûte.

Moctar Douby était le chef d'un parti politique fraichement créé. Il présenta son mouvement. L'homme avait de solides relations hors du pays. Nombreux étaient ses partisans qui désiraient qu'il prenne le pouvoir. Il ne refusa point leurs sollicitations. Son apparition, dans le jeu politique fut brutale comme des chicanes sur le chemin d'un malvoyant. L'homme était mystérieux. Il était un inconditionnel spécial qui dérangeait et ses partenaires et Dally, l'opposant historique.

Peu à peu, le peuple comprit la position du général. N'avait-il pas dit être venu pour apaiser Toukouzou et s'en aller ? Maintenant, il voulait être un vrai Président, un élu du peuple car il se dit l'ami de ce peuple. Il avait oublié que l'oppression d'un peuple peut l'attendrir mais, ne peut jamais le soumettre. Il se targuait d'être l'ami du peuple qu'il avait pourtant pris en otage. Le peuple saignait, larmoyait et prenait une position sournoise. L'arbitraire dans tous les lopins du pays ne pouvait que produire le rejet du général Amanzan Sodja. Le peuple ne protestant pas, gardait les yeux sur l'urne où l'écho de sa rancœur allait tonner. La stratégie de Sodja défraya la chronique. Des postulants furent sacrifiés.

Quand les clairons sonnèrent l'hymne de la confrontation, Toukouzou retint son souffle. Sodja, au départ confiant, perdit la sérénité en une seule journée. Le travail de fourmis de l'opposition avait fait des émules, de nombreux partisans. Sodja et son clan comprirent qu'on ne pouvait prendre des mouches avec du vinaigre. Ils raidirent leur cou, confisquèrent les résultats et tout bascula.

* *
*

Selon les indiscrétions, Sodja serait battu à plate couture. Les urnes étaient toutes pleines des bulletins favorables à Dally, donc à l'opposition.
La volte-face du général résumait ses propos. Il avait dit que le peuple n'était pas encore apte à prendre son destin en main. Il fallait renoncer à toute option qui l'éloignerait de la politique de Douba. Il disait également que telle une salade venant de paraître, il fallait laisser le peuple atteindre la maturité qui lui permettrait de résister à tous les pesticides mal dosés. Mais, comment le peuple pouvait-il mûrir si la vérité ne le fouette?

Pour Sodja, son bilan était meilleur que celui de ses prédécesseurs. Il fallait que lui, l'artisan de la nouvelle république soit celui qui conduise sa destinée et non quelqu'un d'autre. Il était prisonnier de l'héritage de Douba, du spectre de Grah et des Blancs. Il disait que la sécurité des hommes étant le moteur de l'orientation de sa vie, il donnerait même sa vie afin que Toukouzou ne descende pas aux enfers. Et qu'il se battrait pour le progrès de son pays.

7

Un après-midi, à la terrasse de son appartement, Séinabou et son fils devisaient.

- Wassa, mon fils, dit-elle. Voici, Dally au pouvoir dans des conditions calamiteuses. Un pouvoir arraché dans du sang qui a abondamment coulé à Toukouzou. Vous lui avez donné le pouvoir d'Etat, vous les jeunes. Vous êtes descendus dans la rue; avec les mains nues, vous avez affronté les soldats, partisans de Sodja Amanzan et vous avez gagné.

- Mère, n'es-tu pas encore convaincue de la victoire de Dally? Crois-tu que c'est seulement par cet acte qu'il est au pouvoir? Nous, les jeunes, lui avons donné ce que Sodja voulait voler. Retiens qu'il a été démocratiquement élu. C'est un pouvoir légitime; on a tous voté et Dally a été déclaré vainqueur. Vois en cette action de la jeunesse majoritaire, le réel désir d'instaurer la démocratie à Toukouzou. Toi qui luttes contre l'impérialisme, toi qui en veux aux Blancs, tu devrais te réjouir de ce changement. N'as tu pas encore compris que les inconditionnels défendent la cause des Blancs?

- Oui, mon fils. Je vois. La lutte anti-coloniale n'est pas achevée avec l'indépendance. Si je n'ai pas la preuve de ce que tu dis, le comportement de mes partisans est suspect. Je crois qu'il faut être courageux pour en finir avec cette domination des Blancs.

- C'est vrai, mère. Mais, la lutte anti-coloniale doit être, d'abord, la priorité de ceux qui nous gouvernent. S'ils sont le relais des Blancs, qui exploitent le peuple, à quand cette liberté que nous souhaitons tous? Notre liberté dépend de nous-mêmes. Forgeons une nation et soyons solidaires pour sa prospérité. C'est une question de changement de mentalité.

- Mon fils, je partage ton avis. Nous devons unir nos forces pour mieux lutter contre les Blancs. Seulement, nous devons sensibiliser les "inconditionnels" pour qu'ils prennent en compte l'intérêt supérieur de la nation. Avec eux, on peut atteindre l'objectif de la bonne gouvernance. Ils sont déjà fortunés. Ils sont le moindre mal. Crois-tu que les innovateurs puissent faire l'affaire? Tu verras Wassa, ils chercheront d'abord à atteindre le niveau de richesses des "inconditionnels" avant de penser au peuple. Il faut pour cela une transition progressive allant de paire avec le changement de mentalité. On peut dire que les innovateurs ont de bonnes idées, mais ce n'est pas suffisant pour dire qu'ils sont de bonne moralité. Est-ce qu'ils sont vraiment irréprochables pour nous faire gagner notre liberté? J'en doute fort bien. Alors, mon fils Wassa, je voudrais que tu serves les inconditionnels dans leur nouvelle mais difficile mission: reconquérir le pouvoir d'Etat et l'exercer en tenant compte des nouvelles donnes politiques.

L'âme de Douba attend cela de moi donc de toi, mon cœur. Sodja aurait pu réussir mais, les querelles des "inconditionnels" lui ont fait plier l'échine. Wassa, sois le soleil du renouveau, dont la chaleur libère la plante de l'arrogance de la rosée. Sodja aurait pu réussir s'il avait mangé à la table du diable avec une longue fourchette. Mais hélas!

Elle se servit du jus de pamplemousse et avec un air persuasif, continua: Wassa! Tu étais à Boualai. C'est le créateur qui n'a pas voulu que tu voies l'horreur. Tes amis, jeunes, ont bravé les soldats de Sodja qui n'ont pas hésité à tirer sur eux à balles réelles. Dorgela était en feu et en sang. Les cadavres étaient partout. Sodja m'a trahie. Il m'a trahie, reprit-elle, en larmes. Elle vint pleurer sur les épaules de Wassa qui la consola. Pour la paix et pour nous protéger des Blancs, j'avais travaillé avec Amanzan Sodja. Il a tué ses propres frères pour le pouvoir. Dis-moi si on doit, pour de l'argent, commettre pareil crime!

Wassa pensa à Boualai, cette ville où il exerçait comme ingénieur en agriculture. Il la quitta, un bon matin pour aller chez sa mère, vivre dans sa grande propriété à Waterloo, le quartier le plus huppé de Dorgela. Même sans boulot, il ne voulait aucunement se mêler des activités politiques de sa mère. Le visage de la politique l'effrayait, accroissait sa détresse. Il tenait à sa liberté, à son pouvoir de choisir et à s'exprimer sans contrainte. Pour lui, le militantisme trop accentué s'accommode de l'aliénation. Le soleil brillait très fort. Il frappait de ses rayons ardents, les baies vitrées de la maison et les reflets gênaient les deux interlocuteurs. Alors sans donner de réponse, le jeune homme prit congé de sa mère et monta dans sa chambre. Il réfléchissait aux propos de celle-ci. Mais de façon soudaine, il entendit une voix intérieure. Il s'étendit sur son lit.

«Wassa! Wassa! Aide ta mère à sublimer sa douleur. Ce combat de la liberté est légitime mais la source de motivation est malsaine. La haine contre les Blancs l'empêche de voir distinctement. Elle a une mauvaise appréciation de la réalité du monde. Qu'elle sorte de son sommeil, de sa prison. Tu dois l'y aider. »

*　　*
*

Vêtu d'un tricot blanc très ample tombant sur un pantalon jean, il frappa à la porte de la chambre de sa génitrice. Après que celle-ci s'est assurée que c'était lui, elle se leva de son lit à baldaquin et vint lui ouvrir la porte. De gros poufs, faits de peaux d'animaux et présentant d'harmonieux losanges, leur servirent de sièges. Assis, il se racla la gorge et fixa sa mère. Usant de tournures, d'onomatopées, il lâchait peu à peu les brides de son message. L'essentiel était: « Mère, je crois qu'il serait mieux que nous parlions d'une même voix. »

Séinabou semblait voltiger. Une expression de panique envahit le regard de son fils qui se redressa de façon brusque pour s'assurer de son état; somnolence ou malaise? À sa grande surprise, elle lui fit signe de continuer à parler. Wassa acheva son discours sur un air heureux. Un jour, se disait-elle, Wassa reviendrait à la raison. N'est-ce pas ce temps qui commençait quand il lui parla de rapprochement? Séinabou, comme dans un état second, lui adressa un sourire. C'était celui de l'enfant réveillé, découvrant le visage maternel. Puis elle abonda dans le sens de son fils.

   - Vous les jeunes, vous devez comprendre la nécessité de marcher au rythme des anciens. Ensemble, à l'abri des voix discordantes, nous devons avancer.

8

Le visage caché derrière des verres fumés, un bonnet marron couvrait les oreilles de Grah Léiyi l'ancien Président de Toukouzou. Méconnaissable, il tapait du pied la porte de Zantekalo, un féticheur dont la renommée rendait à l'ésotérisme ses lettres de noblesse. Une discrète équipe, grossièrement vêtue pour ne pas attirer les regards, l'entourait. Après ponts, vallées et routes impraticables, le petit convoi de l'ex-Président atteignit Dogofany, le village du mystérieux Zantekalo. Il était né dans cet endroit hostile, où les meuglements de buffles n'effrayaient pas les chiens. Les hululements des chouettes se joignaient au chant des coqs pour annoncer aux hommes, la fin de la nuit. Zantekalo était pour la région et ses riverains, la porte du mystère.

Grah Léiyi voulait le pouvoir. Il le désirait d'une passion sans mesure. Son désir était semblable à la force des grandes eaux. Ce désir était plus fort que la passion brûlant l'âme des jeunes filles pour leurs premiers amants. Même la faim de mille hyènes en quête de charognes n'était pas comparable à la soif du pouvoir de Grah Léiyi.

D'une sérénité à couper le souffle, il dit au sorcier:

- Jette tes cauris et interroge les dieux à propos de mon pouvoir que m'ont pris la lâcheté et l'ingratitude des hommes. Aucun sacrifice ne peut étouffer mon désir de le reconquérir. Zantékalo, prononçant des paroles obscures, secoua ses cauris et d'autres petits objets et les jeta dans un van badigeonné de bouse de vache. Lorsque le vent souffla et que la lumière de la lampe se raviva, on aperçut le nez retroussé et le front angoissé du féticheur. Le sorcier se précipita sur ses cauris, remua ses lèvres et les jeta à nouveau dans le van comme on se débarrasserait d'une chenille. L'assistance retint son souffle. Les bruits de ses dents grinçantes se faisaient entendre. Le sorcier sourit, ses nerfs se détendirent.

- Le sacrifice que tu feras sera costaud.

Grah Léiyi ôta ses lunettes.

- Tu sacrifieras un buffle. Tu le feras égorger par un nain en pleine nuit où la lune aspergera par son éclat un ballet de jeunes vierges. Grah Léiyi sourit. Ce qu'on lui demandait n'était point de la mer à boire. Pendant qu'à Dogofany, il s'activait pour son pouvoir, les journaux annoncèrent le retour au pays de tous les exilés et auto-exilés politiques de Toukouzou. Cette bonne nouvelle redoubla la vigueur des bras des paysans dans les hameaux les plus reculés. Ainsi, les céréales abondèrent sur les marchés de même que l'igname, le manioc. Séinabou Toubouilou s'inquiétait toujours de la nonchalance des "inconditionnels". Elle enrageait de les voir se réfugier sous la casquette d'opposants imprudents. D'ailleurs, de bouche à oreille, le récit du sacrifice que fit à Dogofany, Grah Léiyi, conforta sa crainte. On raconta que l'ancien Président, pendant que nul ne se doutait de sa présence au pays, effectua une pompeuse cérémonie. Un soir de lune, des nubiles de Dogofany furent rassemblées. Des billets de banque offerts à leurs géniteurs avaient eu raison de toute opposition à la cérémonie. Elles avaient offert leur talent de danseuses en un ballet singulier. Et vers l'aube, un nain, à la lumière d'un bûcher dressé au milieu du cercle, égorgea un buffle roux. Sa chair, cuite au feu de bois, fut distribuée à toute l'assistance.

Ainsi, Grah Léiyi se signala. L'inquiétude de Toubouilou était que sans attirer l'attention du pouvoir, celui dont on annonçait maintenant le retour avait déjà pu tenir à Toukouzou une telle cérémonie. Le pouvoir ne voyait et ne sentait rien venir. La république était en danger et ce danger pourrait venir de l'intérieur comme de l'extérieur. Il fallait, d'abord, prévenir celui de l'intérieur. La jeunesse n'avait plus l'espoir de trouver un emploi après les études. L'Etat providence avait fait ses adieux à une myriade de diplômés dont l'esprit peu entreprenant n'avait pu les sauver des affres du chômage. Séinabou Toubouilou se demanda s'il ne fallait pas ouvrir des centres spécialisés pour la formation aux métiers de commerçants de produits vivriers. Il fallait créer des métiers pour ces jeunes, qui pouvaient se soulever pour manque d'emplois. Elle se souvint d'une conversation qu'elle avait eue avec son fils Wassa.
- Mère, je suis ton fils. Je vis dans le cercle de ceux bénéficiant de nombreux avantages. Toutefois, je ne saurais me désolidariser de cette jeunesse en souffrance. Elle est sans repère dans le sable mouvant d'un système de développement mal élaboré. Pourquoi vous suivre si vous ne vous préoccupez que de votre bien-être et celui de vos proches. Séinabou, ce jour-là, resta soucieuse. Son fils Wassa avait parlé en syndicaliste, défenseur d'une cause réelle.
- Oh Wassa! S'exclama-t-elle. Sais-tu ce qui nous lie à Toukouzou?
Sais-tu l'effort que nous a demandé ce pays pour son indépendance? Vous les jeunes, vous devez en être conscients. Vous demandez tout et vous êtes impatients. Laissez nous jouir un peu du fruit de notre lutte. Votre tour viendra.

- Mais, Wassa lui rétorqua qu'une lutte sert peu la génération qui la mène.

Ce sont surtout les générations futures qui en bénéficient. ''Les martyrs ne cherchent pas les biens de leur temps. Leur gain, c'est la victoire qui les immortalise. ''

Séinabou était inquiète des propos de son fils. Il avait raison. A quand le tour de ces nombreux jeunes? Quand bénéficieront-ils des richesses de Toukouzou leur pays? Ce langage qu'elle lui avait tenu est celui de tous les inconditionnels. Mais sont-ils sincères? Souhaitent-ils réellement une alternance programmée du pouvoir au bénéfice d'une jeunesse bien formée? N'est-ce pas une ruse politique pour continuer les abus? Elle ne pouvait se prononcer. Séinabou Toubouilou était livrée aux assoiffés de pouvoir. Ils se proclamaient adeptes de Douba et elle croyait en eux à travers la philosophie de ce dernier. Il fallait les soutenir. Il fallait les croire sur parole.

9

Séinabou était épuisée par une journée de petites querelles de femmes du marché, de petites colères, de quolibets. Un dîner léger et une petite tasse de thé au citron, l'amenèrent à s'étendre dans un hamac en nylon sous le préau coiffant sa maison. Elle s'assoupit sous l'effet d'un vent qui soufflait agréablement et au plus profond d'elle-même, elle entendit une voix: «Séinabou, ta raison est en cage. »

Elle sursauta, touchée par la main apeurée d'une de ses servantes. Pendant ce temps, la télé diffusait un feuilleton comique. Wassa s'ennuyait car le rire des enfants, assis à même le tapis, morcelaient ses pensées. Il alla au troisième et dernier palier d'où revenait sa mère. Elle marchait lentement comme un somnambule. Elle le croisa sans broncher. Il la suivait des yeux pendant qu'elle disparaissait dans le couloir menant à sa chambre. Il eut pitié d'elle. Comment allait-il lui venir en aide? Car sa garde levée ne baissait pas malgré les nombreuses trahisons subies. Wassa se lamentait. Sa mère avait été aux côtés de Douba, puis de Grah Léiyi et d'Amanzan Sodja.

*   *
*

Wassa ruminait sa vie estudiantine au comptoir d'un café. Le prestigieux nom de cet espace «Café rue loubard» n'empêcha pas que la déprime l'envahisse à petites vagues puis à grands flots. Il voyait ce passé se dérouler à travers la tasse de thé, les posters au mur, le ventilateur grinçant, les casiers vides et le vieux frigo. À sa mère, il avait parlé de ses projets, de ses craintes, de son espoir et le tumulte que fut son travail à Boulon. Etudiant à Krokokro, ville phare de Batraidji par son étendue, ses grandes écoles et sa population très importante, il avait choisi un domaine peu exploité : l'horticulture. La complexité de cette spécialité faisait en fin de compte son charme. A la fin de son cycle d'études, il fallait constituer un dossier technique et effectuer un stage pratique.

Wassa se souvint de la gentillesse de son patron. L'homme, avec zèle, avait demandé au directeur de son école de collaborer afin qu'une bourse lui soit attribuée. Brillant stagiaire, il était hors de question qu'il n'aille pas à Flanci parfaire ses connaissances. Pour Wassa, le soleil d'un rêve se dégageait de l'étreinte de l'aube. Mais, la réalité était tout autre car sa direction ne leva pas le petit doigt pour l'aider.

À la rentrée, sans se décourager, il se mit au travail avec ses camarades de promotion et ils achevèrent ensemble leur formation qui avait duré quatre années. Ils n'eurent pas de difficultés à intégrer Boulon, une société de développement rural. Cela avait été possible grâce à leur parrain de promotion, un Ministre du gouvernement de Grah, l'ancien Président. Son rêve d'étudier à l'étranger étant brisé, ses amis et lui se contentèrent de travailler à Toukouzou où sévit durement le chômage.

Wassa, sirotant son café, répondit mécaniquement à une salutation. Des vélomoteurs pétaradaient à fendre le cœur. Des taxis, de véritables épaves aux robes orange, négociaient toutes les issues. Wassa travaillait à Boulon en tant que Technicien Spécialisé. Il n'exerçait pas ce métier par vocation. Comme plusieurs jeunes de sa génération, ce travail s'était imposé à lui. Il valait mieux faire ce dont on n'a pas envie, plutôt que de chômer. Le «Café rue loubard» était au carrefour principal de Manhiva. Wassa y était venu attendre une vieille connaissance.

L'homme qu'il attendait, apparut. C'était son ancien formateur. Après les salutations d'usage, celui-ci fit la commande de deux tasses de café pour agrémenter l'entretien. Boulon était au centre de la conversation. Wassa voulait quitter cette structure. Il souhaitait exercer une fonction qui pouvait le mettre en valeur. Mettre par exemple son expertise au service d'une communauté serait la meilleure voie pour son épanouissement. Son désir d'aider la jeune communauté de Guéria l'avait même poussé à être candidat à la présidence de la jeunesse communale. Cette fonction de guide, de meneur d'hommes, lui convenait mais malheureusement, son adversaire peu crédible et impopulaire profita de la technologie électorale pour le battre.

*   *

*

Toukouzou, à l'école de la démocratie sous la cadence des discours et résolutions bien agencés, avançait à pas très mesurés. Des Blancs, sous le prétexte de la coopération, sillonnaient monts et vallées.

De temps en temps, les vociférations d'un ex-émigré, d'un fils du pays rapatrié parce que sans papier, s'élevaient avec fureur puis disparaissaient. Elles se levaient, protestaient contre eux, puis mouraient de leur propre mort. Parfois,
on entendait des hymnes à la démocratie. Ah La démocratie! C'est l'âme de la raison qui offre la liberté. C'est l'eau qui désaltère.

Les projets de Wassa étaient des piles de documents entassés dans la chambre qu'il occupait. Il en discutait souvent avec sa mère qui ne cessait d'aborder des sujets politiques: Les alliances ethniques ne sont pas mauvaises en soi. Elles contribuent quelque peu à l'unité nationale. Mais, la politique, à cause de ses effets pernicieux, les a détruites. Wassa conseillait l'union des cœurs pour mettre fin à de telles pratiques. La politique, ce géant de la discorde faisait une œillade à Toukouzou recroquevillé derrière les prières et supplications à Dieu. Il semblait payer l'idiotie de l'orpailleur qui, à la découverte de l'or, poussa un grand cri et se fit déposséder de sa fabuleuse prise. Puis, l'infortuné et insensé chercheur d'or reprenait sa tâche ardue au rythme impitoyable du fouet du surveillant. Toukouzou était devenu un eldorado. Du nord au sud, de l'est à l'ouest, des colonies d'hommes affluèrent comme un régiment de magnans à la chasse. C'était un exode sans bruit. On y venait pour ses terres grasses de richesses. Séinabou trouvait tout cela désagréable, surtout ceux qui étaient prêts à vendre le pays aux Blancs. Elle avait vomi tous ceux qui, au nom de la liberté, livraient à la mort des fils et filles issus des entrailles de son histoire. Vomi tous ceux qui sont incapables de se remettre en cause et changer.

*   *
*

Combien de cafards avaient-ils écrasés? Combien de mouches vertes, d'asticots, combien de kilomètres avaient-ils engloutis? Ces lourds souliers noirs aux pieds de l'homme, balayant la «place des martyrs»? Il portait un pantalon gris, épais comme des rideaux et flottant telles des voiles de navire en rade. Une chemise kaki lessivée aux larges poches à rabat dont celle de droite portait par sa pâleur le deuil de tous les disparus. C'était un ancien combattant, un ancien d'Indochine, précisaient des gens qui le connaissaient. Ce qu'il confirmait lui même entre deux quintes de toux. Le mot «Indochine» qu'il prononçait piquait les oreilles, chaque fois qu'il se mettait en colère en parlant à son assistance. C'était le refrain de ses vociférations.

Cette assistance se constituait spontanément, chaque fois que le vieil homme entrait en guerre contre Flanci, par des propos accusateurs. «Ne me laissez pas mourir. Flanci refuse de payer mon pécule. Je l'ai inutilement servie. Elle est sans souvenir». Cet appel au secours touchait les âmes sensibles qui s'exécutaient aussitôt.

Le fourreau de sa paire de lunettes en main, il parcourait la foule, recueillant l'aumône. Cette scène pouvait durer toute la journée si l'homme gardait la forme. Tout dépendait de l'humeur ou de la résistance de l'ancien combattant. Parfois, des coliques l'éloignaient de cet endroit comme la présence du félin chasse, loin du cerisier, le chimpanzé. Mais, ce jour-là, Séinabou, dans le quartier des affaires, passait par là. Voyant la foule, elle ordonna à son chauffeur de s'arrêter. Quand elle écouta le vieil homme, elle eut un pincement au cœur. Séinabou demanda à son chauffeur de trouver un magasin d'habits pour homme. Une fois dans la boutique, elle prit une douzaine de chemises, autant de pantalons, quatre paires de chaussures, deux sandalettes et quelques cravates. Elle revint sur les lieux avec son chauffeur. En avant, celui-ci lui fit un chemin jusqu'au vieux. A son niveau, les bras chargés, elle lui offrit tout le colis puis lui remit une enveloppe. L'homme faillit perdre le souffle. Il se plia en quatre pour remercier la vieille dame qui héla un taxi et l'y fourra. Le vieillard pataugeait entre le rêve et la réalité.Les badauds qui suivaient la scène réclamèrent aussi leur part. Séinabou leur lança des billets de banque et s'engouffra dans sa luxueuse voiture. Elle regarda en arrière et les vit se bagarrer. Elle ferma et ses yeux et son âme à la pensée de la suite d'un pareil spectacle.

À un feu, lorsqu'elle tourna la tête, un visage, un œil de faucon la toisa. Elle s'en aperçut. C'était le regard d'un Ministre, fils d'un ancien Ministre. Il avait, assurément, assisté à la scène du don et semblait se plaindre de cette action.
Séinabou Toubouilou le fixa à son tour avec un regard perçant. Ses radiations disaient " toi et ton père, qu'avez-vous fait pour ses pauvres diables que votre inadmissible orgueil n'a jamais respecté "? Les yeux des fauves parlent aux fauves plus que leurs grognements. Et le Ministre, semblant confus, disparut dans une rue.

10

Terre bourgeoise était le soleil de Dorgela. Mais aussi Port-au-Prince, avec son port, comme l'œil d'un chat dans la pénombre, lui donnait un éclat particulier. Le barrissement des navires, ajouté aux bruits assourdissants des klaxons de multiples voitures et autres mélodies faisaient son charme. Toutefois ses quartiers, de Manhiva à Terre bourgeoise, en passant par Adjamtala, croulaient sous le poids des ordures. A Terre bourgeoise la belle, on trouvait des collines d'immondices à côté desquelles des restaurants précaires où les travailleurs, dès midi, se rendaient, mangeaient et écoutaient des gens commenter l'actualité politique avant de regagner chacun, son bureau. Convivial était cet espace de libre-échange où les enfants, marchands ambulants proposaient des camelotes.

Séinabou ne fréquentait pas de tels endroits. Mais en visite non loin de ces restaurants africains, elle eut faim de sorte qu'elle fit la commande d'un plat de son Droh natal. Bien qu'elle dégustât ce plat de «» à la viande de brousse dans un bureau au vingt cinquième étage d'une des tours administratives de Terre bourgeoise, elle se plaignit de maux de ventre. A la clinique, elle garda le lit pendant des jours et son médecin lui conseilla un endroit paisible pour le repos car il lui fallait décompresser. Elle choisit la plage qui s'étalait à perte de vue. La mer était brillante. Séinabou, vêtue d'une robe en satin bleu-ciel, marchait dans le sable crissant. Trop soucieuse, il lui fallait prendre du repos. Ce que le médecin lui a d'ailleurs recommandé. Les soucis continuaient pour autant à la ronger. Elle devait s'évader, changer d'air. Elle fit ainsi le choix de la commune de Port-au-Prince, la cité des eaux.
Tout en marchant, Séinabou ne désirait que la paix et rien d'autre. Le sable entrait dans ses chaussures. Elle les ôta. Le contact de ses pieds avec le sol lui procura l'agréable plaisir d'un bain de pieds.

Ses quatre petits enfants auxquels s'ajoutait une servante marchaient à ses côtés. Le vent soufflait. La brise de mer caressait les visages. Elle jouait avec les vêtements, les gonflait, les soulevait, les rabattait. C'était un après-midi de soleil.
La mer était tout bleu mystère. Danseuse inlassable, elle ouvrit la voûte des pensées. Elle semblait avoir la potion pour guérir Séinabou Toubouilou, cette dame au destin incroyable. Partie de rien, elle était devenue une femme fortunée. L'assassinat de son époux l'a propulsée en ville. Heureusement, le saut de Séinabou dans le vide avait mis en relief sa valeur, son esprit d'initiative.

De l'autre côté de la mer, s'étaient retrouvés deux de ses enfants: Vanin et Zinna. Elle imaginait cette cité froide avec ses rues gelées. Pour elle, Flanci sans soleil ressemblait à une prison, sauf que les pensionnaires s'étaient accommodés de leur univers.

Sous le soleil des tropiques, sa vie se déroulait. Séinabou offrit son sourire aux caprices de ses petits enfants. Elle se voyait ambassadrice de la paix, marchant au-devant d'une famille réconciliée.

Soudain, il lui sembla voir entre les vagues, la face du diable sautillant, grimaçant pour ternir tout le beau, toute la tendresse, tout le sirop de la nature que buvait son cœur. Le diable est la mauvaise inspiration. Au moment où elle était plongée dans ses pensées, une vague plus forte s'écroula sur les baigneurs. Puis, elle entendit une voix soudaine lui dire:

« Wassa est intelligent mais il est sans travail. Ton fils chôme, relève-le. Il se perd avec ces idées de paix, au lieu de faire fortune pour t'aider et mieux t'ensevelir demain, quand tu auras rendu l'âme. » Quand elle chassa en elle cette pensée, les vagues suivantes redevinrent des colombes blanches, roses, verdâtres, battant le dos du diable qui fila, éclair de nuit de tornade; le calme revint et son pelage apparut. Le soleil marchait à reculons. Une longue pirogue à moteur où se distinguaient une douzaine de pêcheurs fendait l'eau, longeait la plage. A sa proue, un drapeau jaune et vert saluait tous ceux qui prêtaient attention à son existence. A sa coque, on pouvait lire «la paix est la vie».

11

Séinabou fut convoquée à une réunion des "inconditionnels" au domicile d'un des dignitaires. Quelques jours plus tard, elle **s'y** rendit. La grande propriété de ce dernier, celui que la majorité des "inconditionnels" avait choisi comme candidat aux élections présidentielles était entourée de fleurs de toutes variétés. Dans le quartier résidentiel de Manhiva, cette partie qu'on appelait «Manhiva extension» ou quartier millionnaire de Manhiva n'enviait à Waterloo que son calme originel. Sinon, comme à Waterloo, il y avait des bâtisses colossales avec des grilles épaisses. Le bitume recouvrait les rues. Gueules entrouvertes, des chiens étaient visibles à travers les barreaux des portails. Chemisier jaune et pantalon noir, des vigiles omniprésents rassuraient «Manhiva extension». Ces hommes, tels des «Saint Bernard», partaient, venaient, se fixaient mais surtout veillaient.

Séinabou, assise sur une chaise blanche en plastique, regardait autour d'elle. Mais, sa joie la quitta quand le candidat du parti aux présidentielles, après un long plaidoyer, demanda qu'on sacrifiât un taureau attaché dans sa cour. Séinabou pensa au sacrifice que fit Grah Léiyi, quelque part, à Dogofany. Trop de sacrifices, trop de sang à Toukouzou, trop de malheurs. Elle se souvint de Prince Zaduo, son amour coupé par la faucille d'une jalousie injustifiée. Le sang arrose l'autel de la haine et incite les foules paisibles à la violence. Séinabou était troublée. Elle se leva, cherchant l'air; bien plus, le secours divin. Sortie sur la pointe des pieds, elle rejoignit son chauffeur qui démarra.

Après une centaine de mètres, un objet percuta violemment la voiture.

- Qu'est-ce que c'est! s'écria Séinabou.
Son chauffeur voulut freiner mais elle ordonna de continuer.
- Continue à rouler, acheva-t-elle, désemparée.
Elle restait silencieuse, devinant la nature de l'objet. Dès qu'ils franchirent le portail de sa propriété, ils furent consternés par la découverte d'un hibou. Un hibou? C'est sans doute un message de mauvais augure. Un hibou dans son pare-choc, mort le cou tranché, plumé par le vent. Du sang sous le choc avait éclaboussé enjoliveurs et capot. Séinabou n'en croyait pas ses yeux. L'oiseau, le sang, l'action du sacrificateur des ombres. Etait-ce un message pour elle ou un hasard? Son chauffeur lui murmura quelque chose à l'oreille qu'elle approuva. Les gens malfaisants lançaient le mauvais sort. Quand le gris-gris était découvert, on urinait sur lui pour annihiler son pouvoir maléfique, puis on le brûlait. On le calcinait et sa cendre était jetée dans une eau qui coule. Alors, toute la maison fut réveillée pour uriner sur

l'oiseau sans vie. Puis, il fut calciné et ses cendres jetées dans la lagune la nuit même.

*

*   *

Des jours après ce curieux événement, Séinabou Toubouilou apprit que le taureau de sacrifice rompit sa corde, blessa un peulh et celui qui était chargé de l'abattre. L'animal furieux brisa chaises et tables. Il pourchassa les assistants jusqu'à la voie principale du quartier, puis prit la fuite. La disparition de l'animal provoqua une foule de commentaires. Les uns racontèrent que l'animal, ce taureau n'en était pas un, que c'était un bouvier transformé. Dans les pâturages, au plus profond du sahel, c'est une habitude des bouviers de prendre la forme de leurs bêtes. Etait-ce une question de rites ou de raison? Personne ne pouvait en dire plus. D'autres dirent que l'animal fut saisi, abattu et vendu sous cap et à vil prix à des bouchers.

12

Séinabou avait hésité à saisir la patte du poulet qui devait éloigner le mauvais sort. La série d'événements échappant à la logique du rationnel avait, malgré le ressentiment de la vieille dame, donné forme à une cérémonie de purification et de désenvoûtement. Elle n'avait, ni vu le coq rouge se débattre, ni entendu le cri du bouc arraché à la vie. Séinabou avait l'impression de tenir une gourde d'eau fraîche dans une main et un sabre dans l'autre.

Ses enfants devaient tenir le stylo comme elle tient l'invisible pieu de la vengeance. Mais, Bédji, suite au limogeage de feu Vanin son frère, fut nommé Président du Conseil d'Administration d'une grande société. Ainsi, il devint un adepte juré de Grah Léiyi, son bienfaiteur. Rien d'autre ne pouvait véritablement l'intéresser. Séina sa fille, femme de foyer se préoccupait plus des langes de ses ouailles et de l'entretien de son mari. Zinna était devenu blanc. Seul Wassa s'intéressait à la vie de sa mère.

Séinabou se demandait pourquoi elle était si accablée par des soucis. Elle se résolut à rejoindre Toukouzou pour le combat de la liberté et de la paix véritable.

«Ah, Dieu! » S'exclama Séinabou, se faisant lire un journal: « un diamant aussi gros que l'œil d'un zébu avait été découvert par des orpailleurs qui refusèrent de le remettre au Blanc pour qui ils travaillaient. En colère, il tua un, en blessa trois, et les autres prirent la fuite.» Elle établit aussitôt un lien entre ce Blanc assassin et ses ancêtres colonisateurs, explorateurs et missionnaires.

*

*   *

Le quai à sardiniers à l'extrême nord de Port-au-Prince grouillait de monde. Des tas de poissons dans les caisses, à même le sol, étaient vendus à la criée. Les vendeurs et les maraîchers, gringalets, à leur arrivée à Toukouzou, étaient devenus arrogants et bourrés d'argent. Ils ne respectaient rien, pas même l'administration. Ceux qui n'avaient pas grand-chose couraient, l'épaule affaissée par le poids d'une caisse de thon deux fois plus lourde qu'eux-mêmes. Séinabou se fit bousculer. L'auteur de l'acte ne s'excusa pas. Alors pris de colère, son chauffeur et son chargé de mission bondirent sur l'homme qui puait telle une cale à saumon. Le porteur, secoué, avala toute arrogance. Ces enfants des terres battues n'avaient pour Dieu que l'argent.

Grâce à multitude de pardons, le jeune homme fut libéré. Après quelques achats de dorades, poisson qu'elle affectionnait, Séinabou et ses compagnons quittèrent l'ombre des navires, le bruit de la foule et les odeurs de poissons pourris. Elle sut vraiment que son pays n'était pas libre. À Port-au-Prince d'où elle venait, l'administration de Toukouzou était hors jeu, liée et corrompue. Le partage des richesses du pays avait favorisé les Blancs et beaucoup d'autres personnes étrangères. Les enfants, les rejetons de Toukouzou étaient vannés tel du grain de maïs par la complexité du système. Les larmes de ces pauvres ne fouettaient point la charité des nantis.

* *
*

Quand le disque solaire succéda aux nuages, Séinabou réunit ses enfants et leur demanda ce qu'il fallait faire pour le repos de leur père Prince Zaduo, lâchement assassiné. Dans le débat qui suivit, les enfants virent à quel point la haine occupait, malgré les apparences, la vie de leur mère. Elle trouvait qu'il était plus qu'un devoir pour elle de venger son défunt mari.
- Mais, contre qui, mère, demanda Wassa, devons-nous diriger la lance de notre vengeance?
- Contre ceux qui ont planifié la mort de mon mari, votre père.
Elle gesticula mais ne put citer de nom.
- Et Douba? demanda épuisée, Séina. C'est lui qu'Adjontévi avait désigné.
- Séina ma fille, cet homme était un diable. Un piètre menteur. Ce n'était pas Douba. Il m'a tout expliqué avant sa mort.
- Qu'est-ce qu'il t'a dit de convainquant? Quelle enquête as-tu menée?
Mère, tu t'es laissée corrompre par Douba. Ce que tu nous as raconté de vos différents entretiens au sujet de notre père ne peut le disculper. Alors qui sont-ils ces assassins? Questionna t-elle, coléreuse.
- Ce sont des politiciens, certainement des Noirs et des Blancs qui le trouvaient gênant.
- Encore une dictée de Douba. Reléva Séina.
Séinabou éclata en sanglots et pleura à chaudes larmes. Ses enfants la laissèrent faire. Quelque temps après, elle retrouva ses esprits. Calmement, elle se mit à parler.

- Mes enfants, maintenant que vous êtes adultes, je vais aller en profondeur dans mes explications. Je n'ai pas été naïve comme le pense Séina.
Je n'étais pas sur le lieu du crime. Il m'a été rapporté un fait et je me suis fait une idée. J'ai accusé et pris la résolution de me rendre justice. Non mes enfants! Ce ne sont pas les cadeaux de Douba qui m'ont influencés. Chez

nous, il y a un proverbe qui dit: «sang est à l'intérieur du corps, mais l'homme vomit uniquement le contenu de son estomac.»

J'étais avec Douba cherchant toujours la faille pour agir. J'entretenais soigneusement le feu qui couvait en moi. Ces divers dons ne pouvaient aucunement me désarmer. Quand il est venu un jour se confier à moi concernant la gestion du pays, j'ai eu l'occasion de comparer deux approches de l'exercice du pouvoir. Votre père était fougueux. Il était un homme de vérité et tranchait les palabres en public. J'ai constaté que mon mari donnait crûment ses verdicts. Il causait du souci aux puissants mais recevait les compliments des faibles. Mon prince voulait brutalement rétablir l'équilibre social. Un jour, il se heurta à la famille Boldo qui exploite nos terres depuis la période coloniale. Il expulsa de Droh cette riche famille, exploitante de canne à sucre qui rencontra Douba pour intervenir en sa faveur. Le Président dépêcha un émissaire auprès de votre père pour lui faire entendre raison, mais en vain. Douba lui signifia que les Blancs sont très puissants et qu'il fallait s'en méfier. Il lui conseilla de la prudence et une coopération réfléchie. Douba lui notifia que notre indépendance n'était pas totalement acquise. Il était malgré lui, un chef lié. La voie de la liberté vraie était à explorer avec délicatesse. Ton père n'avait pas accepté d'avaler des couleuvres pour attendre venir ce temps prédit par Douba. Le Président Douba me confirma qu'il fut effectivement assassiné. Mais qui en était l'auteur? Il évoqua la raison d'Etat et me supplia pour son amitié avec votre défunt père, de vous préserver d'un règlement de compte qui ne serait pas à mon avantage. Il fallait que vous deveniez plus tard des cadres de haut niveau pour nous offrir la liberté par le travail, m'avait-il confié. Mes enfants, j'ai marché avec Douba. Il avait certes des défauts, mais il était sage. Il était généreux et même pour causer du tort, il s'employait avec une certaine subtilité. Le pauvre a de la considération pour un chef qui sait dissimuler les abus. Le puissant préfère un chef toujours prêt à concéder disait-il.

Douba n'était pas contre la liberté de son peuple. Il connaissait la capacité de nuisance des Blancs lorsqu'on s'oppose vertement à leurs intérêts. Il était préoccupé par notre totale indépendance mais seul, il était impuissant. Il n'était pas sûr d'avoir une nation solide avec lui pour engager le combat de la liberté. Alors il nous avait prévenu: «liberté, nous y arriverons par étape.»

Mes enfants, à l'analyse de ces propos, Douba avait raison mais mon époux était sur ses terres. Aucune raison ne pouvait justifier ce crime. J'ai retenu la leçon de Douba mais je ressasse la haine contre les Blancs. Mort pour mort. Pour le repos de son âme, nous devons venger votre père.

Wassa peu bavard, avait dit: «certes, l'injustice des hommes a détruit des champs et a emporté des maisons, mais la saison suivante, des fleurs étaient apparues dans les champs et le chant des rossignols sous des réverbères polis avait rempli d'autres maisons, au même endroit. Quel que soit le tort commis, pour la paix préalable à tout développement harmonieux, il faut brandir le chandelier du pardon. »

13

Une fine ondée, toute la nuit, avait procuré un sommeil profond aux habitants de Droh. C'était la saison des semailles. Les chiens ne s'étaient pas étirés, n'avaient pas secoué leurs puces et frappé leur museau avec leurs soufflets d'oreilles qu'un soleil déterminé jaillit. Ses rayons absorbèrent la rosée et donnèrent à bien apprécier leur luxuriance. Séinabou Toubouilou y était le week-end. Depuis la disparition de son fils Vanin, elle n'avait plus communié avec ses frères du village. Ce dimanche, jour de marché, Séinabou avait le cœur en joie. Plongée entre causeries soutenues par des proverbes et des rires forcés, elle ne s'était point imaginée cette belle occasion. Le lundi matin, Droh était tout éveillé. Le soleil perdait sa clémence; alors, dabas à l'épaule, machettes sous le bras, les paysans envahirent les sentiers des plantations car une terre ramollie est un cadeau du ciel. À la terrasse de son immense villa, la vieille dame regardait son village qui se dépeuplait pour la journée. Les paroles mêlées des femmes, cabris bêlant, poulets caquetant, tout ce beau monde bougeait, s'activait. Des enfants bruyants passaient, entraînant des chiens chétifs. La vie était là. La terre rouge boueuse lui rappela Toukouzou agité où le sang des sacrifices devenait un cierge qui éclairait la destinée. Non! Pas de cela aujourd'hui, siffla-t-elle entre ses dents et entra dans son salon puis la chambre. L'odeur agréable d'une plante semblable à celle d'une citronnelle l'embauma. Elle regarda par la fenêtre et vit un arbrisseau aux feuilles luisantes, comme cirées au beurre de karité. Elle bénit le cœur généreux qui l'avait fait grandir près de sa fenêtre.

Elle s'assit au rebord de son lit, glissa et descendit sur ses genoux pour parler à l'invisible créateur:
« Ô Dieu de l'univers, tu es le grand maître. Tu es l'appui de Wassa.
Alors sois mon appui. Donne-moi la paix. Que s'éteigne le feu brûlant en mon cœur. N'oublie pas Prince Zaduo. Apaise son cœur. »
Séinabou parla longuement au créateur. Elle vociféra, pleura et se sentit légère, remplie d'une joie soudaine. Lorsqu'elle sortit de la maison, elle entendit des chants élogieux. C'étaient les jeunes d'un village voisin, tous arborant des tricots à son effigie. Elle était émerveillée. Elle vint à leur rencontre et esquissa quelques pas de danse sous les acclamations des badauds.

Elle lança ensuite des billets de banque aux chanteurs qui ravis, offrirent les plus belles mélodies de leurs cordes vocales. Séinabou expérimentait ainsi la paix intérieure qui favorise l'état de magnanimité. Elle eut envie de faire des dons.Un vent glacial, témoin d'une averse lointaine soufflait. Arrivée à la mosquée du village, elle remit une forte somme d'argent à l'imam. Surpris, il tremblotait, mais Séinabou le rassura en ces termes: «Cet argent vous servira à prendre soin de votre mosquée, à aider ceux qui n'ont, ni vêtements, ni à manger. » Les bénédictions fusèrent de partout. Après ce don, elle se dirigea vers le bout du village près d'un verger de manguiers pour rencontrer le prêtre catholique. Elle fit le même geste.

* *

*

Il était une fois Kéhi Nantor. Devenu pêcheur de grenouilles, il voulait se débarrasser de son amie de tous les jours, la misère. Il avait entendu que les Blancs raffolaient des pattes de grenouilles qui se vendaient à un prix fort intéressant. Il fallait qu'il pêchât des grenouilles pour sortir de sa pauvreté. Il lui fallait des moyens pour survivre, rien que survivre. Le soleil l'ayant vu de loin s'était rapproché de lui, avait chassé tous les nuages, dont l'ombre lui aurait servi de casquette. Puis l'astre voyant son endurance lui avait tapoté l'épaule. Le dollar dans le souffle de Kéhi Nantor avait noyé le mauvais sort. L'hameçon qui, depuis le matin, n'obéissait qu'à la volonté de son poignet fut aspiré sous l'eau. Le fil en nylon qui le tenait, voilé par un nénuphar. Il tira et une grenouille grosse comme un oursin vola. Le batracien se décrocha de la ligne, frappa tel un marteau le tronc d'un vieil arbre rabougri. Déjà vers lui, le pêcheur fonça tout excité avec la peur de perdre sa prise. La bestiole qui bougeait faillit glisser dans son univers. Or c'est ce qu'il ne fallait pas. Kéhi Nantor battait la grenouille à coups de bâton en s'écriant :

- J'en ai marre! J'en ai marre! Marre! Marre!

Il empocha après le crime, la bouillie sanguinolente. Kéhi Nantor était l'un de ces pauvres diables à qui la vie avait fait un croc-en-jambe. Le patron du complexe hôtelier, depuis sa chambre, avait suivi la scène avec d'autres touristes se trouvant sur les lieux. Pour la sécurité des clients on lui demanda, le croyant fou, de partir. Mais Kéhi Nantor refusa. Il n'était pas fou, mais plutôt prisonnier de la misère.

Il avait faim, et ces grenouilles, une fois pêchées, l'aideraient à assurer un ou deux jours son pain quotidien.
Ce que dit Kéhi Nantor toucha l'un des vigiles. Celui-ci, commis à le faire déguerpir des lieux, rapporta ces propos au Blanc, patron de l'hôtel. On lui fit donc venir un sachet du reste de la nourriture plus un billet de deux mil-

les francs. Kéhi Nantor n'en croyait pas ses yeux. De toutes les façons, les grenouilles, il en trouverait. Mais, des morceaux de "gâteaux des Blancs", de la viande et du couscous, il n'en trouverait pas partout. Il empocha l'argent. Une fois sur le bitume grignoté par l'érosion, il s'envoya une grosse bouchée. Des véhicules l'évitèrent et retinrent de lui, l'image d'un loup affamé avalant un dindon. Et Kéhi Nantor disparut sur un air d'espoir. La paix intérieure, la tranquillité de l'âme est un chemin tortueux mais vital, se disait-il.

*

*   *

Séinabou Toubouilou ce matin-là, après un bain à l'eau chaude, crut voir dans son miroir, le visage d'une autre. Les rides sur son front et ses joues s'étaient plus approfondies.

«J'ai beaucoup vieilli » se dit-elle.

Elle s'habilla et regagna son bureau à Adjamtala. Des gens vinrent lui rendre visite et au cours de leurs causeries, elle comprit que son pouvoir s'était accru au détriment des inconditionnels. Alors elle se décida à rencontrer ses enfants pour soumettre à débat son désir de créer un parti politique. Elle se disait qu'avec le parti, elle pourrait perpétuer son combat. Celui de bâtir des hommes dignes et des offices de commerce pour le bonheur des enfants de Toukouzou. La mendicité, pour Séinabou, consacrait la défaite de l'homme face à la vie. Elle avait en horreur le regard vitreux des faux-aveugles, le bras maquillé des faux-manchots, le pied camouflé des faux-unijambistes.

Un jour, elle raconta qu'une femme, après quatre maternités, avait autant de jumeaux. De leur enfance jusqu'à l'âge de douze ans, ces enfants ont été disposés comme de la marchandise à tous les carrefours. Et à tous ces endroits, on avait donné à cette femme des jetons pour l'aider à s'occuper de ses rejetons. Elle continua son œuvre jusqu'à ce que la troisième paire d'enfants qu'elle engendra, soit tuée par la faute d'un chauffard. Dieu merci, le camion était assuré et l'assurance versa des millions de francs à son mari et à elle. Ils étaient fortunés, mais ne renoncèrent pas à la mendicité.

Ils quittaient tôt leurs couches et ne rentraient que tard la nuit. Leurs enfants, les survivants ne fréquentèrent, ni l'école coranique, ni celle des Blancs. Ils étaient toujours habillés en haillons. Ainsi des gens de leur milieu mirent la puce aux oreilles des bandits qui, sur indications, vinrent chez eux. Ils les massacrèrent et prirent tous leurs millions emballés dans des sacs de «Soumara».La cupidité les avait ainsi tués. Le danger de la mendicité, c'est qu'une fois habitué, le mendiant s'en défait difficilement. Non! La mendicité, selon Dieu est une injure.

*   *

*

Séinabou fit appel à ses conseillers pour créer officiellement son parti politique. La nouvelle à tir d'aile fit le tour du pays. Les "inconditionnels" à qui elle faussait compagnie se retournèrent contre elle. Les journaux proches de leur bord politique et idéologique la présentèrent comme une traîtresse. Elle montrait ainsi son vrai visage de louve dévoreuse d'agneaux. Elle fut obligée d'avoir des oreilles parmi eux, des oreilles et des yeux dans leur cercle. Le **P**arti pour le **R**enouveau de **T**oukouzou, (le P.R.T.) avec les femmes en majorité, réagissait toujours aux attaques des inconditionnels. Mais, Séinabou avait toujours le cœur brûlant, la tête lourde. Wassa ne manquait de la réconforter. Bédji par contre lui rapportait des propos offrant des échasses à son souci. Le responsable de ces propos inventés de toutes pièces qui nourrissaient la rumeur était un petit barman, frère d'un Ministre du gouvernement de Dally. Ce Ministre était un ''inconditionnel'' que le Président avait gardé au nom du gouvernement d'ouverture. Son attitude justifiait, à elle seule, le degré de nuisance de son cadet. Car il ne se passait pas de jour où la pirouette d'une accusation ne s'accrochait à sa personne. Assise dans un divan, Séinabou se souvint des récits des griots. Deux siècles auparavant sur les côtes du continent noir, avaient débarqué des hommes pâles. Ils avaient dans leurs bagages la ruse, la longue vue et le mousquet. Ils nous soumirent à leurs théories et nous donnèrent le premier plan de nos prisons.

Quand des années plus tard, à l'émergence des nouveaux printemps, nous rejetâmes ce plan, ils le changèrent aussitôt. Le fouet ne voltigeait plus. Les billes de bois ne tuaient plus, les mousquets ne tuaient plus, mais c'étaient les plumes, les sceaux, la parole qui tuaient.
Les "inconditionnels", noyés par des billets de banque, avaient connu les affres de la colonisation. Mais ils restaient indolents. Ils avaient oublié que la marche des femmes a brisé les barreaux de la prison de Bazam. Quand des soirs, Séinabou chantait l'un de ses vieux souvenirs, on entendait:
«Ô oiseau au beau plumage!
Si tu me sauves des eaux,
M'aurais-tu vraiment sauvé?
Si de l'autre berge; j'entends
La voix de mon père
La voix de ma mère

La voix de mes frères et sœurs
Alors j'aurais compris que ma liberté est en route. »

*   *

*

C'était dans l'Afrique ancienne. Celle des hyènes et des reptiles traversant les villages en plein jour, au vu et au su de tous. Dans le Mossiland, derrière la Volta noire, des négriers blancs vinrent pour capturer des hommes et des femmes pour le commerce de la honte. Il y a eu de la résistance, même si de nombreuses personnes ont été massacrées, des hameaux décimés. Pour échapper à ce commerce humiliant, beaucoup se scarifièrent le visage pour être impropres à la vente. A bas âge, une princesse avait subi le même sort. Lorsqu'elle grandit, elle devint une lune parmi les perles qui l'entouraient. Cependant, elle restait frustrée à cause des larges cicatrices qu'elle portait à la figure. Cela l'a tellement affecté qu'elle s'est donnée la mort.

*   *

*

Le soleil était haut dans le ciel quand Séinabou atteignit ses bureaux, à proximité de la gare routière d'Adjamtala. Il y régnait une grande animation. C'était des frères de Lolou avec qui elle entretient une alliance ethnique. De vives acclamations se levèrent dès qu'elle descendit de voiture. Un griot, tout de blanc vêtu, jouait de la cora. Il avançait en chantant en bambara :
« Séinabou, tchigan
Séinabou, djara kouman kan
Conan ya kélè souman nan
I dehi Bédji, yé i ta Allah ya mourou ba yé
Séina, minan ya gbêkan yôrô nafa man
Wassa, gbêdalayôrô ya sêgê
Allah te gninan I kô
Allah te gninan I kô
O kôsô Allah ya gnoumaya te gninan férétani la balola kô. »
La foule l'acclama à tout rompre.

*   *

*

Comme c'est désormais dans ses habitudes tous les jours fériés, Séinabou consacrait du temps à son fils Wassa à qui elle fit cet aveu:

- Wassa, mon garçon, l'amour est Dieu lui-même et c'est ce qu'il demande aux hommes d'avoir en eux. Mais malheureusement pour notre continent, ceux qui sont venus parler en son nom ne le connaissaient pas. Ils se sont servis de sa grandeur, de sa bonté pour asservir nos peuples. Ils sont venus sur nos côtes; et c'est en parlant de Dieu, en récitant leurs leçons que beaucoup parmi nous sont devenus croyants. Ils se sont servis de la religion comme une arme de tromperie. Cette arme qui a affaibli l'Afrique, nous a obligé à tout balayer du revers de la main; et aujourd'hui nous sommes aliénés. Souviens-toi de tous les coups d'Etat qui détruisirent nos terres! Dis-moi, Wassa! Dans quel "pays des Blancs" enregistre-t-on encore des coups d'Etat et leurs corollaires ?

- Mère! parle, je t'écoute.

Alors dis-moi Wassa! Qui tuaient nos éléphants? Qui leur arrachaient les défenses?

Le diamant, l'or, le pétrole, qui nous les volent? N'est-ce pas les Blancs? Et qui nous a parlé de la prière du dimanche? N'est-ce pas l'homme blanc? Gardons-nous de la pratique de la fausse religion car le créateur ne nous épargnerait pas. Soumets-toi sincèrement à Dieu et tu contribueras à l'éveil spirituel de Toukouzou et de toute l'Afrique!

Pour Séinabou, les Blancs avaient réinventé le mensonge, la ruse et tout le pays empestait. Mais, elle ne désespérait pas. Elle savait que, par l'amour, la victoire de la justice s'obtiendrait. Tant que subsisterait ce mal, comme l'eau du déluge, la colombe de la fraternité et de l'union pourrait-elle trouver un arbre à Toukouzou où se poser?

Or il faut absolument un arbre qui reçoive la colombe de la paix. Séinabou en avait conscience. Un jour, alors qu'elle remarqua des tiraillements entre ses enfants, elle leur avait dit pour les préserver de la discorde:

«Je vous ai donné le jour comme des melons. Ayez de la saveur et les rois qui vous auront sur leurs tables de festin se réjouiront à votre sujet. Ne devenez pas de la paille qui flambe à la moindre étincelle. Menez de bonnes actions afin d'être utiles aux autres quand m'engloutira le fleuve de la mort. »

14

Séinabou rêvait, contemplant les rues bruyantes de Dorgela et sur la lagune, des bateaux bondés de monde. La fumée noirâtre des échappements des
voitures arrachait des larmes aux passants. Prise dans un embouteillage
monstre, l'image de quelqu'un sur le trottoir donna du rythme à son cœur.
L'homme ressemblait étrangement à Vanin, son fils disparu. Quand elle se
pencha pour mieux l'observer, il faufila les voitures et disparut dans une
foule immense. Chose curieuse, c'était lui qui, au préalable, l'observait. Et
son regard avait attiré son attention par réflexe. Voir un homme longtemps
décédé présage d'un mauvais signe. S'il s'agit vraiment de Vanin, le malheur serait à sa porte.

La nuit fut longue et houleuse. Le sommeil capricieux avait bercé plusieurs
concessions avant de se souvenir de Séinabou Toubouilou. Alors en rasant
murs, sols et verdure, il avait voltigé pour venir à elle et lui sourire à tel
point qu'elle resta collée à son coussin jusqu'au petit matin. Au petit déjeu-
ner elle exprima à Wassa le désir de parler avec tous ses enfants réunis. Il
fallait convoquer Zinna et Séina vivant au pays des Blancs. Apparemment
elle ne présentait aucun signe de malaise. Toutefois une petite inquiétude
s'installa en Wassa. Une lune ronde succéda à une plus fine. Une pluie faisait larmoyer les toitures de Dorgela; les tôles trouées laissaient passer des
gouttes d'eau qui remplissaient les bassines.
À l'aéroport de Port-au-Prince, une hôtesse annonça l'arrivée du vol AF
412 en provenance de Flanci. Zinna et sa sœur Séina étaient parmi les pas-
sagers. Séinabou Toubouilou ne s'est pas rendue à l'aéroport. Elle a préféré
accueillir ses enfants à la maison. «Une reine n'attend pas à la porte de la
ville un visiteur aussi illustre soit-il».

Maintenant que ses quatre enfants sont présents, elle attendit quelques
jours pour les inviter à un entretien. Assis l'un à côté de l'autre, ils l'attendaient dans son living-room. La vieille Séinabou sortit de sa chambre. Elle
s'asseya dans le divan en face d'eux, les salua puis leur confia ceci.
- Mes enfants, je vous ai fait appel pour donner à chacun l'énigme de sa
vie.
Nous, personnes âgées, sommes pour le créateur comme les cauris du char-
latan.
Il nous utilise pour révéler à ses créatures sa pensée, pour leur adresser un
message. Ecoutez-moi donc. Chacun de vous est un prédestiné. À chacune
de mes grossesses, je faisais toujours un songe prémonitoire. Mes enfants,
ces rêves sont les codes de votre destinée. A vous de les maîtriser pour at-

teindre votre but.

Elle se servit un peu d'eau, se racla la gorge et continua.

- Toi mon fils Zinna, j'ai rêvé d'un étranger. C'était un homme qui venait d'ailleurs, un voyageur qui ne tarda pas à continuer son chemin.

Vanin, lui, était un bijou qu'on me présenta; que je mis dans mes bagages mais que je ne retrouvais plus quand j'en avais besoin.

Le visage de Séinabou changea. Elle pleurait Vanin son fils qui ne se retrouva plus jamais après être limogé par Grah Léiyi de son poste de Directeur régional de parti politique. Hélas! La politique tua cet intellectuel de haut niveau. Séina, puis Zinna versèrent aussi des larmes. Mais Bédji et Wassa, courageusement demandèrent à leurs frères de se calmer pour la suite des révélations. Séinabou se ressaisit.

- Séina, quant à toi, tu es un pagne de grande valeur autrefois prisé par nos anciens. Il a généralement douze pans. Mais dans mon rêve, j'en ai reçu un avec onze pans. Chose curieuse, on me demanda de retrouver le douzième. Bédji, lui, a été présenté comme un enseignant.

Pour Wassa, dans le songe, je vis un homme tenant un appareil photo, sûrement un photographe, habillé en boubou Anango. Toute l'assistance fut détendue et éclata de rires. Le désignant, elle dit:

- Voilà notre Anango, notre Bôda. Je ne sais à quel moment il commencera à nous prendre des photos.

Puis elle ajouta que Wassa est intelligent. On le lui avait aussi prédit. Toutefois elle reçut qu'elle ne verrait pas tous ses enfants s'accomplir. La maladie la ferait souffrir avant que la mort ne l'emporte. La douleur l'accompagnerait jusqu'au dernier soupir.

- Voilà les paroles qui m'ont été données vous concernant, dit Séinabou à ses enfants réunis. Bédji est le signe révélateur; il est à présent pasteur. Lui dont rien ne présageait qu'il enseignerait la parole de Dieu. Je sens donc ma fin proche.

Séina se mit à parler en pleurant.

- Toubouilou Gôyi,
  Mizan Séladjahou lou, trêzan,
  Srouhou é gan hé ninla
  Dou é gan hé ninla
  An bou Toubouilou é gan hélé blaguihé la ho!

Séinabou Toubouilou avait délivré à chacun de ses enfants, un message prophétique. Comme pour contredire la prophétie de sa mère, Zinna promit qu'il reviendrait vivre au pays. Séina attristée ne dit mot. Mais Bédji, déjà sur le chemin de sa destinée, prit au sérieux les propos de sa mère. Wassa, lui, était bouleversé. Etre un simple photographe, après des études supérieures?

*   *
*

La cuisine dégageait une bonne odeur d'épices. Séina et quelques servantes s'activaient à donner à la famille un mets fourni. Mais comme le mal a toujours combattu l'harmonie, un incident éclata. Younan, la compagne de Wassa sans raison apparente, ne s'était pas jointe au groupe. Séina ne pouvait comprendre l'indifférence de la concubine de son frère cadet. Elle n'y alla pas de main morte. Elle trouva son frère et Younan, sa concubine dans leur chambre et les rabroua. Younan, pour sa défense, brandit la gêne de venir l'aider sans qu'elle lui fasse appel. Elle serait une femme réservée. Wassa, quant à lui, resta silencieux. Il se replongea dans l'histoire de sa première vie en concubinage.

*   *
*

Droh était tout heureux. Ventre bedonnant de récoltes de «florido», igname prisée par les villageois pour sa précocité et son impressionnant volume à maturité. Djeema pilait cette igname pour en faire du foutou. Comme toutes les jeunes filles du village, Djeema connaissait la légende du lézard qui partit dans un canoë rejoindre sa bien-aimée de l'autre côté du fleuve. Malheureusement, la pirogue qu'il mit de longues années à fabriquer, cogna une roche et coula. Il se démena pour regagner la berge.
Son voyage s'interrompit. Ne le voyant pas, sa dulcinée aima son cousin et l'épousa. Quand la nouvelle lui parvint, il partit au fleuve et se jeta dans les flots pour se suicider mais notre lézard se transforma en crocodile.
Djeema était amoureuse. Elle souhaitait que son histoire ne finisse pas comme celle du lézard. Elle oubliait que le canoë du reptile est le symbole des atouts que l'amoureux doit développer pour atteindre le but. La prière seule ne suffit pas pour gagner le cœur d'un bien-aimé.
«Quand l'amour naît dans le cœur de la femme, il l'entraîne comme une fibre de coton dans la tempête. La puissance du vent faisant chuter le plus

gros fromager est insignifiante face à l'énergie qu'un cœur de femme amoureuse libère». Djeema tenait à son amour. Elle avait rencontré Wassa par l'intermédiaire de Sori, le cousin de celui-ci. Leur idylle, flamme de bûcher, fut connue de toute la jeunesse de Droh. Finirent les vacances et le chagrin fut intronisé sous les préaux des cœurs.

Djeema, élancée et belle fut demandée en mariage. Mais, elle n'aimait que Wassa. Fille du village, dotée selon la tradition, elle se devait de respecter la coutume.

Avant que Sori ne la calmât et que des lettres envoyées à Wassa à la vitesse de la lumière ne suscitassent une réponse, on nota un soir, la présence d'é-trangers à Droh. Tard dans la nuit, Djeema fut saisie et emportée sur de vi-goureuses épaules. Chemin faisant, la sagesse des uns lui évita le viol, mais elle subit tout de même de nombreuses brimades et coups pour briser sa ré-sistance. Des ecchymoses, des chicottes sur tout le corps, les poignées en feu dans les paumes rugueuses des envoyés du futur époux, s'achevèrent quand les coqs se livrèrent à distance une guerre de domination. Chacun y allait à la force de son «cocorico».

Après cette parenthèse, Djeema s'échappa et Towé qui avait perdu la ba-taille, opprima ses parents. A leur tour, ceux-ci se rabattirent sur Sori pour le menacer, puisque selon eux, il était la cause de l'insoumission de leur fille.Puis vinrent l'harmattan et les fêtes de fin d'année. Wassa ne manqua cette occasion, nonobstant ses craintes de revoir Djeema qui, malgré le ma-riage avec Towé, le portait toujours dans son cœur. Cachée par des amies, elle sortait toutes les nuits pour retrouver son amant dans la maisonnette de Sori. De cette relation, la nouvelle d'une grossesse courut les rues. Djeema accoucha plus tard d'un garçon.

Il fallait rembourser la dot. You, l'oncle de Wassa fut commis pour engager les cérémonies devant officialiser la relation de Wassa et de Djeema. Ils al-lèrent encore ensemble et naquit un autre enfant, cette fois de sexe féminin. C'est alors que de nombreuses divergences entre Wassa et Djeema vont su-gir. Le village s'en saisit, en fit des conversations, des quintes de colère, des injures, des critiques contre Wassa, son oncle You et sa mère. Des me-naces de mort fusaient de partout. Séinabou Toubouilou conseilla son fils de recueillir Djeema. Mais il ne voulait plus d'elle. L'oncle You garda les enfants et pour Djeema, le ciel s'assombrit. Quant à Wassa, il préféra se consacrer à ses études dont le couronnement fut l'obtention d'un diplôme d'ingénieur en agriculture. Il se mit à la recherche d'un emploi et obtint son premier poste à Boulon qu'il quitta peu de temps après pour se retrouver chez sa mère avec une compagne: Younan de la famille Gani.

*   *

*

Une manifestation des "inconditionnels" se tenait sous un hangar non loin de la gare routière d'Adjamtala. Les "inconditionnels" dénonçaient la cherté de la vie, la fragilisation du tissu social. Ils accusaient les "innovateurs" d'être à la base de cette situation. Des associations de consommateurs proclamant des slogans hostiles, protestaient contre le racket des policiers et la cherté de la vie. Les manifestants passèrent près des "inconditionnels" qui se mirent dans la danse. Et tous ensemble, ils se dirigèrent vers la préfecture scandant «Dally, on veut pas! Racketteurs, on veut pas! Nourriture chère, on veut pas! Voleur, on veut pas ! » Le soleil brillait, la sueur coulait, le vacarme était infernal. Les véhicules, souvent endommagés en pareil cas, entraient par-ci, sortaient par-là. Mais une barrière tenue par de jeunes gens se dressa devant eux. Par des coups de sifflets, les deux blocs se rejoignirent. Le lendemain, on voyait partout des groupes de personnes qui entouraient des étals de journaux. D'aucuns les appellent les «titrologues». Ils venaient, lisaient les titres, s'exprimaient, gesticulaient et disparaissaient l'âme pleine de suppositions. On pouvait lire des titres comme: «'empoignade des titans! Les inconditionnels attaquent l'Etat! Coxers et "fils d'avenir" embrasent la rue! » Toukouzou fiévreux, s'interrogeait: comment supprimerait-il en son âme et conscience le racket des "corps habillés", le détournement des deniers publics et l'indiscipline de ses enfants que sont les «fils d'avenir» sans avenir?

Dans cet environnement délétère, Wassa attendait dans le plus grand secret, les résultats du concours d'entrée à la fonction publique. Il avait fini par opter pour ce test car il ne parvint pas à trouver le travail qui cadrait avec ses ambitions.

A krokokro, en fin de cycle, il voulait une bourse pour approfondir ses connaissances en horticulture et surtout en commerce international. Il n'y arriva pas et entra à Boulon malgré lui. Wassa avait toujours cru en ses aptitudes d'entrepreneur. Il préférait le privé à la fonction publique où en entreprise, il pourrait acquérir de solides expériences pour exercer à son propre compte. A défaut, pour être indépendant de sa mère, la fonction publique était momentanément souhaitable. Il pensait quitter la maison familiale avec Younan, récupérer ses enfants restés à Droh et fonder une famille.

Une nuit commençait, demain paraîtra un beau soleil, celui d'après pluie.À la troisième ligne, sur la première feuille de la liste des admis d'entrée à la fonction publique était écrit Zaduo bi Wassa. Quelqu'un, assurément une connaissance, avait entouré son nom au crayon.

*   *
*

A Waterloo, le jour du départ de Zinna pour Flanci fut émouvant. Il remit de l'argent à Wassa, le nouveau fonctionnaire, qui devra attendre plus de six mois avant de percevoir son premier salaire. Après un repas convivialement partagé, Zinna fut accompagné à l'aéroport. Quelques semaines plus tard, ce fut le tour de Séina de partir de la famille. Mais avant son voyage, elle fit sortir Wassa pour une balade et profita pour s'entretenir avec lui.
La randonnée partit des grands supermarchés de Waterloo, près du jardin public de Terre bourgeoise, en bordure de la lagune. La vue était magnifique. Elle s'offrait le port et les immeubles de verre. Les bateaux-bus fendaient l'eau comme des marsouins et le superbe du temps fleurissait plus d'une inspiration. La ville semblait chanter.

Le brouillard de la fumée des usines lointaines caressait les pieds des nuages trop rapprochés.

En ce lieu, Wassa et sa sœur ainée étaient non loin de Port-au-Prince. Aux environs de seize heures, ils s'y rendirent pour la plage et pendant qu'ils étaient assis côte à côte admirant les vagues en mouvements, Séina engagea la conversation. Son frère, moins volubile, l'écoutait.
Elle parla de Younan et de bien d'autres choses encore, notamment de choses spirituelles en ces termes:
-    Petit frère, tous les grands hommes auxquels tu veux ressembler (Martin Luther, Gandhi, Nelson Mandela), et dont on parle tant,chacun une vision. Mais, sache que Dieu était aux commandes de leurs actions. Si tu estimes marcher selon l'appel de Dieu, il agit afin que tu ne sois pas un obstacle, une pierre d'achoppement pour ton entourage. Il ne doit pas avoir de ruse dans l'action du leader selon Dieu. Face à toutes sortes de difficultés et de frustrations, garde ton calme, lève le regard vers le créateur, et tes pensées s'éclaireront. Si la ruse venait à surgir en toi, sache que c'est l'ondée du diable qui te conduit. Alors, rebrousse chemin. Séina souffla puis continua:
-    Au gouvernement, j'ai commis beaucoup d'erreurs et aucun de mes subalternes, même quand il s'en rendait compte, n'osait m'en parler. On

m'encensait. C'était un tort. Et que fit le créateur? Il a permis que je sois débarquée. J'ai fini ainsi par comprendre ce que c'est que la vie. Après une longue et agréable journée, ils regagnèrent le domicile familial.

*   *
*

Une odeur nauséabonde couvrit la rue. Un camion, long comme un auto-rail, rempli d'excréments de bœufs, arrachait des jurons à tout le monde.
À son volant, un vieillard à la barbe de bouc, chétif comme une paille et vêtu d'un tricot sans manche, alternait freinage et klaxons. Séinabou éclata de rire. Quant à son chauffeur, il sourit et lui demanda:
- Madame, vous riez si fort!
- Je viens de voir l'homme le plus injurié de Toukouzou, répondit-elle, entre deux rires. Elle rit longuement comme un enfant heureux. Soudain, son téléphone sonna. C'était Wassa son fils souffrant d'une fièvre.
Elle s'inquiéta mais, il la rassura. Séinabou ne pouvait s'expliquer la relation de son fils Wassa avec la fille des Gani: sa compagne Younan. Il est vrai que cette famille avait les moyens financiers. Mais elle était très généreuse en paroles nocives. On prétendait que Wassa était son concubin en vue de partager les biens des Gani sinon il ne l'aimait pas. Or, sa mère Séinabou ne supportait pas qu'on dise de son rejeton, dont les langes ne furent jamais percés, de telles choses. Les mauvaises langues racontaient aussi que si Wassa n'avait pu épouser Djeema, c'est parce qu'elle était d'une famille modeste. Or en réalité, il n'avait aucune intention de se séparer de Younan. Mais tous ses efforts pour donner la preuve de son amour, semblaient passer inaperçus. Les parents de Younan ne croyaient point en Wassa. Ils s'étaient entourés d'un cercle de pensées dans lequel ils ne voulaient pas sortir. Ils avaient gravé dans leur esprit des clichés sans fondement sur la vie de leur beau-fils. Ce dernier avait un jour délégué ses oncles pour faire la pré-dot. Même ce geste important selon la coutume ne les mit point en confiance.

Wassa vint à conclure qu'ils ne pouvaient pas se comprendre. Il poursuivrait son destin avec ou sans Younan. Cependant, il reconnaîtrait en tout temps et en toute occasion que cette fille est serviable. Il prit donc la résolution d'enfermer son avenir dans une vision spirituelle. Dieu décidera donc de l'orientation des choses. Séinabou sa mère entendait les choses comme lui. Si la prophétie dit que son fils Wassa est un photographe Anango, alors pourquoi devait-elle lutter contre cette idylle particulière? Il faut laisser les choses aller d'elles mêmes, pensait-elle.

Wassa avait commencé son travail. Sa concubine Younan, quant à elle, avait obtenu un poste dans une école primaire. Mais tout de suite, la joie de travailler va faire place à la déception. Les deux ne recevaient qu'un salaire de misère. Younan par exemple n'avait pas de bulletin de solde. Elle percevait son salaire comme le taximan reçoit le prix de la course. Bien des mois plus tard, elle fut limogée. Et comme il fallait s'y attendre, elle ne perçut aucun droit puisque la fondatrice de cette école ne l'avait déclarée nulle part. Mais le plus curieux dans cette affaire était le lien d'amitié entre la fondatrice et celle qui gérait la famille des Gani à laquelle appartenait Younan. On ne savait pour quelle raison ou, dirait-on, pour satisfaire quel rite, son limogeage fut la condition de sa tante pour faire un prêt à son amie. Wassa n'accepta pas ce renvoi. Il protesta vigoureusement contre ce qu'il considérait comme une injustice. Il saisit alors un syndicat pour plaider la cause de Younan. Mais corrompu par dame Gani, le responsable dudit syndicat ne fit rien.

15

Depuis quelque temps, Séinabou avait fait table rase des médisances et parlait désormais à Dieu avec assiduité. Dans la douche, au salon, dans le jardin ou dans le hamac, sa relation avec l'invisible était devenue plus solide. Même dans ses bureaux d'Adjamtala, elle restait connectée. Tous les lauriers du monde qu'on pourrait obtenir ne pouvaient donner la paix. Elle, Séinabou, s'était trompée jadis. Elle croyait qu'en vengeant son conjoint, prince Zaduo, le sang de la vengeance allait lui procurer la paix. Or voici que le Ciel la lui offrait gracieusement. Un jour, au réveil, elle dit avoir reçu la réponse du douzième pan manquant du pagne qui symbolisait sa fille Séina. Wassa surpris, lui demanda:

- Comment?

- Tu sais, mon fils, à l'analyse, l'assassinat de ton père fut pour moi le début d'une initiation. Je suis passée d'une vie à une autre. J'ai gagné en connaissance. Je comprends plus nettement le monde à présent: la raison des guerres, l'hégémonie d'un peuple sur les autres, la profondeur des pouvoirs en Afrique, notre continent. Des peuples ont évolué parce qu'ils ont lutté pour leur liberté. Leurs fils et leurs filles se sont battus à l'unisson pour parvenir à cette fin. Aujourd'hui, ces nations, dont les populations avaient quasiment le même niveau de vie que celle de quelques pays africains sont avancées. Mon fils, c'est toi qui me l'as dit. Elles se sont nourries de la solidarité face à toute adversité et ont épousé la détermination au travail.

- Mère! Sois explicite. Révèle-moi cette énigme du douzième pan.

- J'en viens Wassa.

Mon fils, la vie se résume à l'assimilation de l'Amour divin et sa mise en œuvre au bénéfice du Monde. Un homme ne peut s'élever à ce niveau sans passer par des épreuves. Ainsi il luttera contre ses faiblesses et les vicissitudes de la vie. Victorieux, il sera naturellement disposé à œuvrer à l'affranchissement de ses proches afin qu'ensemble ils militent pour l'épanouissement de la collectivité. C'est un exercice qui s'impose à tous. L'homme doit acquérir sa paix intérieure en s'astreignant à pratiquer l'Amour. Alors il devient utile à la société, se mettant à son service sans calcul.

Wassa! Voici ce qui m'a été demandé de rechercher dans le songe. Le pan manquant du pagne qui symbolisait ma fille Séina, c'est la connaissance: le réveil spirituel. Ainsi, le mal et le bien concourent à la formation de l'homme. Il faut donc positiver toute circonstance.

Soudain Séinabou se mit à danser en chantant!

Ma fille Séina!

Ô mon Dieu!

Que lui faut-il pour son bonheur? Sa paix intérieure?

Comme en transe, elle commença à débiter des paroles:

Ô Séina!

Ô ma fille!

Ô Eve!

Dans le jardin d'Eden, par toi le mal a eu accès au Monde.

À Eden, tu as mangé le fruit défendu et tu l'as présenté à l'homme qui à son tour en a consommé.

Tu l'as séduit pour lui montrer le chemin du mal.

Femme toi qui donne la vie.

Toi qui transmets l'éducation.

Procède autrement qu'Eve.

Consomme cette fois-ci le fruit de l'arbre de vie. Alors tu révéleras la voie du bien.

Le monde que tu as rempli de tes enfants aura la paix qu'il souhaite tant.

Tes fils et filles préalablement contaminés par le mal prendront conscience de leur état de captifs et tous ensemble, ils s'engageront résolument à conquérir leur indépendance.

Femme! Que ton intelligence vive en harmonie avec Dieu.

Ainsi l'humanité ne t'accusera plus.

Ainsi tu auras racheté Eve.

Ô Femme gazelle!

Ô Femme des chemins des quatre forêts!

Sois le soleil pour les cœurs.

Et brille toujours de justice.

Une fois apaisée, elle s'adressa à Wassa:

- Quant à toi, par la parole, conduis les hommes à la liberté, à leur épanouissement.

Voici, mon fils, je t'ai transmis ce savoir acquis de haute lutte. La lutte contre mon égo. Wassa, si tu veux être utile à une communauté quelconque, à un peuple qui aspire à la liberté, tu ne dois pas ignorer le combat contre toi-même. Moi, c'est au soir de ma vie que j'ai remporté la victoire.

Je suis libérée de la haine qui me tenait mais je n'ai plus la force pour communiquer aux autres la paix retrouvée. Mon fils, sers toi de mon expérience et mets toi au service des autres. Mais je te le répète, n'oublie jamais que le préalable à toute bonne œuvre est d'abord la conquête de ta liberté vis-à-vis d'un mal qui te domine. Un mal dont tu deviens l'instrument pour nuire. Libre, tu seras plus efficient. Libre, tu seras une source de bonheur.

Séinabou Toubouilou, après cette entrevue, changea de façon radicale et inquiétante. Parole incompréhensible, voix monocorde, regard éteint. C'étaient les signes du crépuscule. Wassa appela Séina. Le pire qu'elle avait annoncé semblait être en chemin. Elle demanda qu'on l'amenât à Droh. Le cortège y arriva sous une lune terne et dans des aboiements perçants des chiens. Tout était silencieux et mystérieux. La désolation se lisait sur les visages des femmes en groupuscules. Le matin était morne quand un véhicule conduisit Séinabou à l'hôpital de Guéria. A leur arrivée, tout semblait s'arrêter. Le médecin sortit de la salle enveloppée par le silence. La nouvelle tomba, insupportable. Peu de temps après, Droh reçut la triste nouvelle, puis Dorgela et Adjamtala. Tout l'empire des femmes du vivrier, dont elle était l'impératrice, s'arracha le cœur. La panthère venait de s'écrouler sous les balles de l'âge. Une autre naîtra dans les plaines et la brousse se taira à nouveau. Encore les gazelles s'enfuiront. Ainsi coule l'océan de la vie.

Avant l'organisation officielle des funérailles, une des cousines de Séinabou fit un songe où la défunte lui aurait demandé de convaincre ses enfants à remettre ses biens à sa famille. Séinabou lui aurait dit que chacun de ses enfants a reçu un code de la fortune. Qu'ils s'évertuent avec cette clé, à découvrir et posséder le trésor qui leur est destiné.

Les funérailles en Afrique occasionnent les rencontres des différentes générations. Elles permettent de confronter les points de vue des familles, des tribus etc.
Ceux qui réussissent, malgré leurs largesses, ont toujours des ennemis dans l'ombre. La jalousie est la flamme nourricière de telles attitudes. Et la sottise en est le grenier. Beaucoup de visages voilés par la haine, durant toute l'existence de Séinabou, avait médit d'elle. Mais chose curieuse, les mains de ceux qui calomnient sont toujours les premières à souhaiter leur compassion. Et dès qu'arrive le pire, les bourses se délient, les langues crachent des liqueurs mortelles de vanité. Les alliances inconnues, surgissent et célèbrent l'aberrant. Dame Gani offrit aux funérailles de Séinabou Toubouilou des tonnes de riz, des bœufs, des pagnes et une somme considérable. Toutes ses récriminations, jadis contre la défunte, étaient oubliées. Ce genre de dons, ces dons funèbres, la mémoire des anciens ne retient que cela.

Pendant de nombreux jours, les paumes furent humides et exhalèrent la sauce graine à la peau de bœuf. Les groupes folkloriques, les danseurs fantaisistes et les chanteurs, criant à se rompre les cordes vocales, servirent le public. Les joues et les ventres rutilants de la marmaille furent le baromètre de la réussite des obsèques. La malnutrition mettra du temps à les conquérir de nouveau. On assista aussi à l'accusation de quelques proches parents de la défunte. Dans l'imaginaire de l'Africain, une mort vient toujours de l'action des sorciers, les mangeurs d'âmes. La crainte des sorciers expliquait le sous-développement des villages de Toukouzou et Wassa l'avait vraiment constaté. À chaque causerie, on racontait que tel cadre en avait fait les frais: soit qu'il avait été mangé, soit qu'il n'allait pas du tout au village par crainte de mourir. Wassa comprit qu'on devrait tirer un trait sur ce genre de choses révolues. Ceux qui veulent bien entreprendre chez eux devraient le faire sans crainte.

Wassa voulut que sa mère ait sa tombe près de celle de son père mais cela fut impossible. On ne retrouva pas la tombe de Prince Zaduo. On enterra donc Séinabou Toubouilou, loin de son prince, dans les environs de la voie Yiman-Lolou. Grande fut la douleur de Wassa pendant les funérailles de sa mère. Pourquoi n'avait-il pas pu lui rendre le grand amour qu'elle avait pour lui? Maintenant, il comprenait la fermeté de sa mère et le sens de sa lutte pour la liberté des peuples qu'il doit poursuivre à son tour. Mais ce combat à mener devrait s'appuyer sur l'art oratoire. Il faut donc ressusciter les griots portant en leur mémoire l'histoire des hommes. La profonde spiritualité de leur message est indispensable à l'éveil de l'Afrique. Il conclut que les récits des griots méritaient d'être enregistrés et archivés. L'écriture est mieux mais en Afrique moderne, un griot de type nouveau doit naître. Il se servira du contenu des livres et le contera aux peuples, à tous les coins de rue.
Depuis toujours, en Afrique noire, le griot se servant de l'art oratoire a instruit les peuples. Les consciences en ont pris l'habitude. Les Africains n'aiment pas lire. Or la connaissance se trouve dans les livres.

Il faut lire pour mieux comprendre et agir. Ignorer cette réalité et œuvrer pour le développement serait de la pure vanité. C'est dire qu'il convient d'aller dans le sens des cultures et le développement tant souhaité suivra. Pour Wassa, il faut essayer de conter les livres. On devrait mettre un terme au faux et construire l'Afrique sur la base de ses aptitudes culturelles. Sogolon Djata (Soundiata Keita) était à l'écoute de son griot Balla Fasséké. Par la puissance de la parole, celui-ci l'avait stimulé à poser des actes qui ont fait du manding un grand empire.

16

Séinabou Toubouilou dans l'autre versant de la vie, attendait que s'épanouisse son fils Wassa. Accroché à son travail de fonctionnaire, il n'échappa pas à la mélancolie. Juste après le décès de sa mère, son oncle You lui fit venir ses enfants. Il devait maintenant s'occuper d'une famille. Le salaire insuffisant, Wassa trouva qu'il était opportun de se joindre à ses collègues pour revendiquer une amélioration de leur revenu. Ceux-ci le portèrent à la tête de leur organisation syndicale. La lutte perdurait et ses charges familiales s'accroissaient. Devait-il abandonner le combatl'aventure? Zinna et Séina pouvaient bien l'accueillir à Flanci. Beaucoup de jeunes y vont pour faire fortune et reviennent plus tard investir chez eux. Pourquoi ne pas essayer. Mais abandonner Younan, les enfants et ses camarades de lutte serait irresponsable. Que faire? Qu'elle orientation devait-il donner à sa vie? La lutte syndicale n'était-t-elle pas une forme de lutte pour la liberté? Tout ce qui fait entrave à l'épanouissement des travailleurs est contre leur liberté. L'injustice dans le traitement salarial, la promotion des agents, la dotation en matériels de travail etc. est à combattre. Wassa était un syndicaliste particulier. Il s'appuyait sur les auteurs dont les écrits ont milité en faveur de l'affranchissement des opprimés. Il adaptait les méthodes de lutte à leur cas qu'il enseignait à ses camarades. La démarche était celle du griot qui devait inciter le peuple à se surpasser pour affronter une épreuve. Ses collègues devaient prendre conscience de leur valeur, de la nécessité de changer de condition de vie et de travail. La violence devait être proscrite de la lutte. Il fallait la parole incisive pour les réveiller d'un sommeil qu'ils croyaient naturel. Wassa respectait ainsi la volonté de sa mère mais l'indifférence de la hiérarchie face à leurs revendications le poussait à bout. Il n'avait plus le sommeil.

Une nuit, il prit son journal pour y retracer ses inquiétudes. Alors qu'il écrivait, il eut l'inspiration de raconter sa mère Séinabou liée à la vie politique et socio-économique de Toukouzou. Il continua ainsi tous les jours jusqu'à faire naître une œuvre littéraire. Elle aborde le sujet de la réconciliation des fils et filles de Toukouzou pour son développement. Elle met en relief les nombreuses fractures sociales que la colonisation a provoquées, et appelle à un monde plus juste et plus fraternel.

Wassa, à travers son livre, veut transmettre le flambeau de la lutte émancipatrice que sa mère lui avait laissé en héritage. Pour toucher la majorité des jeunes avec ce message éveilleur de conscience, il faut en plus de la parole du griot moderne, le cinéma, l'audiovisuel. Ce fut alors qu'il se mit à méditer au sens du rêve de sa mère qui avait vu un Anango avec un appareil photo. Ne s'agissait-il pas d'une caméra, un appareil de prise de vue pour le cinéma ou la télévision?

Ce rêve prophétique va l'entrainer dans une réflexion active, dans des interrogations profondes comme quand un élément déclencheur vous donne une lueur de visibilité sur ce qui semblait flou au départ. Ce songe de sa mère n'a-t-il pas un lien avec cette mission libératrice dont elle lui avait parlé? Doit-il aller au-delà du syndicalisme? N'est-il pas prétentieux de vouloir conquérir la liberté'un peuple? Pourquoi lui et comment-il s'y prendre? Soudain, Wassa se sentit apaisé par une voix intérieure. Elle le rassura que les propos de sa mère confirmait le rêve. Il faut un vaste mouvement de réveil du peuple pour le développement de Toukouzou. Wassa doit en être un acteur. Seule la foi pouvait le conduire à la réalisation de cette destinée. Il devrait s'inscrire résolument dans cette voie. La parabole relative à sa vie, était ainsi expliquée. Le chemin du destin s'ouvrit pour lui.

* *
*

Un jour à Toukouzou, une rébellion éclata. Elle sema tristesses et désolations dans le cœur de ses paisibles habitants. C'est alors que Wassa, faisant le parallèle avec sa destinée prophétique, se vit investir d'une mission salvatrice: celle d'empêcher les déstabilisateurs de semer le désordre dans son beau pays.
Il devrait d'une part, unir les consciences des fils et filles de Toukouzou et d'autre part, les conduire tel un seul homme, à combattre tout ce qui pouvait constituer un frein à leur progrès. Œuvrer pour l'union des consciences après la guerre, suppose prôner la réconciliation afin que vive définitivement la paix. Wassa se souvint encore de sa mère Séinabou Toubouilou qui voulait coûte que coûte venger son père Prince Zaduo, et qui au contraire, fut plus troublée sur le chemin de la vengeance. Dorgela et ses morts, Bataridji et ses horreurs sans compter Gôzi, l'ouest.
Les "inconditionnels" aux propos suspects qui parlaient sans cesse de paix, étaient en réalité de vrais pyromanes.

La plupart des innovateurs qui profitaient de la guerre en s'enrichissant de façon illicite, foulaient aux pieds l'idéal de la lutte pour le changement. Dally était devenu, aux yeux de ses concitoyens, la chenille dans le fruit pourri.Si le programme de gouvernement des "innovateurs" s'adaptait au temps, ils étaient incapables de dominer leur penchant: le goût du luxe et leur appétit mondain. L'on se demandait s'ils ne se rachetaient pas de plusieurs années passées dans l'opposition à combattre les "inconditionnels", lesquelles années ont dû les appauvrir au point de poser des actes au détriment du peuple pour qui ils luttaient.

À Toukouzou, les nouveaux barons de la politique faisaient l'étalage de leur fortune. De grosses cylindrées sur les voies pleines de nids de poule de Dorgela. De grosses villas, des buildings sortant tels des champignons sur un vieux palmier pendant la saison des pluies, défiaient le schéma directeur de la cité.Le peuple, dans sa misère, s'obligeait à fermer les yeux. N'avait-il pas rejeté les inconditionnels? Sur qui compter? Ya-t-il un autre choix? Dally était à la barre, mais affaibli par le comportement malsain de ses pairs. Cependant le peuple, surtout la jeune génération, consciente de la réalité de l'enjeu de la crise de Toukouzou soutenait Dally Manego, le symbole de la lutte patriotique, la lutte pour la liberté des peuples. Les trompettes de bourreaux sonnaient comme d'objectives cantilènes quand on découvrit dans les fourrés épais, l'œil perçant de la perdrix. Ses œufs remplirent Toukouzou.

Les poules les couvèrent et naquirent des perdreaux aux becs robustes. Alors ils scindèrent le pays en deux parties. Quand les hommes se plaignirent, l'ancêtre des oiseaux qui veillait sur eux, qui les encourageait à détruire champs et semailles piqua sur la case des forgerons, sur le préau des notables, sur les passerelles reliant les cases et déchira à la façon des dragons de nombreux plaignants.

L'aigle en avait marre de voir un humain, veillant sur tout, posant des pièges partout et les empêchant de chasser, d'aller où ils voulaient. De connivence avec les perdrix, ils saccagèrent tout. Mais au petit matin on vit que le créateur avait gardé le chef de village. Les jeunes gens sortirent de la brousse. Les femmes, les cruches sur la tête, partirent chercher de l'eau aux puits. L'amour avait triomphé du mal, de l'aigle et des perdrix.

Depuis le tout premier chef de village jusqu'à celui-ci, la chasse et le pillage du rapace donnaient toujours le résultat qu'il souhaitait. Mais cette fois-ci, tout était échec. Leur mille et une ruses avaient été découvertes tel un voleur pris la main dans le sac, les pieds bien joints dans la case d'ignames. L'aigle et les perdrix appréhendés par les fils et filles de Toukouzou refusèrent de reconnaître leur culpabilité. Wassa, désirant la paix pour que ne s'éteignît pas Toukouzou, courait à tous les carrefours de Dorgela. Il invitait à pratiquer l'amour. Il dénonçait l'aigle tueur. Alors, Ceci étant, un enfant lui demanda:

- Tonton, qui est l'aigle dont tu parles?
- L'aigle, c'est la main invisible du pouvoir qui marche dans l'ombre des forêts à la recherche de nos fèves de cacao pour s'en accaparer.
- Mais pourquoi? Interrogea le garçonnet.
- L'aigle n'a pas de cacao, mais il peut en faire toutes sortes de galettes. L'aigle, c'est la rumeur qui trouble nos rues et combat nos dirigeants. Il est hautain et ne renonce jamais.
- Et les perdrix, qui sont-elles?

- Ce sont ces hommes qui vivent du travail des autres. Ils restent à l'ombre quand de fatigue et de sueur, souffre le corps du paysan. Ensuite ils sortent des fourrés et emportent les récoltes. Mais mon enfant, ne les chasse jamais avec un bâton ou une pierre. Sinon, leurs becs et leurs serres te détruiront. Ils n'ont peur que de la parole, celle étalant la justice et plaidant la légitime défense.

- Au revoir tonton!
- Ne pars pas pour l'instant car ce beau soleil qui nous inonde de lumière est menacé. Écoute! En dessous de l'aigle, il y a les aiglons. Ce sont eux les plus dangereux. Ils écrivent, nuit et jour, pour justifier le mal. Ils ont des billets de banque comme masque sur le visage. Ils ont un métal dur comme le diamant à la place du cœur et mangent dans le sang de leurs victimes. Wassa et l'enfant se séparèrent. Il passait partout pour expliquer l'importance de la paix, préalable à tout développement, et de l'amour divin, l'essence de celle-ci.

*   *
*

Un prestidigitateur mourut quand l'un de ses tours échoua. Il ne put éviter que le lourd marteau, qui fond sur sa tête à la vitesse d'un faucon dressé ne l'assomme. Mais, son esprit de magicien sortit de son corps et habita un enfant, son filleul. L'enfant grandit avec cet esprit et devint riche. Un jour, il se leva et transforma le sable en de petites pièces de monnaie. Il en distribua aux badauds. Des villages, des bourgs, des royaumes entiers vinrent s'attrouper au portail de son palais.

Des sacs de riz cuits, des sauces viandées, des denrées rares, des vins de prince, surgissaient et poussaient ceux qui, depuis leur naissance, n'ayant jamais mangé à leur faim à refuser la nourriture. Son pied, qu'il soit gauche ou droit, faisait apparaître un tapis volant. Et ceux à qui il voulait faire découvrir les nuages, les comètes ou la cité de l'Atlantique, s'y promenaient comme ils voulaient. Or il ignorait que l'esprit de la prestidigitation est un monstre. Un ogre qui faisait toujours payer ses largesses. Un jour, dormant dans son palais d'or et d'argent, l'esprit lui apparut et lui dit: « La faim sévit plus dans le lieu où quitte le mortier qu'à l'endroit où il part. »

Le richissime homme étonné et tout effrayé lui demanda ce que signifiait ce dicton. «L'ogre rit d'un puissant rire d'ogre, plus puissant que le tambour de dix tonnerres grondant ensemble » et déclara.

«C'est de mon grenier que sort la richesse. C'est de mon grenier que sort le sourire des ventres remplis à exploser. Qu'ai-je à gagner en retour? Qui me satisferait à mon tour? Il me faut du sang, celui de tous ces gens que j'ai nourris au travers de tes paumes.

Sinon, c'est le tien que je prendrai. L'esprit qui est en toi ira ailleurs, si tu ne me satisfais pas. Il y a des milliers de mortels qui, depuis des siècles, me servent. Sache que dès cet instant, ta vie est à portée de ma main. »

À ces paroles, l'homme devint fou. Il envoya ceux qui lui obéissaient et qui avaient mangé son pain attaquer d'autres royaumes.

Le sang coula, des sacrifices humains attirèrent la malédiction sur tout le pays. Les charognards se multiplièrent et se régalèrent des hommes blessés perdus dans les brousses. Des femmes enceintes donnèrent la vie et moururent ensuite. Le génie commanditaire des tueries fut très heureux.

Un autre jour, il poussa par un souffle, ses hommes à enfermer des enfants avec des guêpes maçonnes. Ce sont des insectes tueurs, habillés en robe bleue du diable et ayant un postérieur rouge sombre. Les cris de douleurs, les pleurs, les gémissements de ces enfants exprimaient une préparation aux métiers de la guerre. Le monstre avait, périodiquement besoin de sang. Il fallait donc faire de la tuerie un métier comme les autres. Et voici comment on forme les enfants soldats pour en faire une source de déstabilisation des Etats.

*

Toukouzou souffrait de l'emprisonnement de ses jeunes fils. Leurs frères, leurs amis décidèrent de les libérer et de mettre hors d'état de nuire l'ennemi. Alors ils surgirent des terres lointaines et vinrent porter la lutte de la résistance. Deux parmi eux appelés généraux ne dormirent point. Il fallait combattre le mal d'où qu'il vînt.

Pour les aiglons, Toukouzou appartenait à tous ceux qui y habitaient. Cette réalité n'avait été nulle part ailleurs. Toukouzou est une terre généreuse et hospitalière, mais il ne pouvait accepter que le visiteur à qui il avait offert un gîte se déclare autochtone. Sacrilège! À Dorgela, on disait simplement: «Mourir est mieux.»
Flanci, ancienne métropole qui devait soutenir les fils de Toukouzou éprouvés, ramait à contre courant. Elle envenimait même la situation. Et les inconditionnels, aveuglés par la course au pouvoir encensaient les rumeurs, favorisaient les polémiques pour empoisonner davantage le peuple. Wassa était de ceux qui ne pouvaient accepter cela. La haine et la vengeance avaient longtemps abîmé sa mère Séinabou Toubouilou si bien qu'il ne pouvait plus accepter qu'elles fassent encore des victimes.

Quelques "innovateurs" debout avec Dally s'attelaient à faire taire les uns et les autres, tous les foyers d'où venaient les mécontentements. Un collaborateur du Président Dally courait partout dans le pays pour diffuser les vertus de la paix et de la réconciliation. Mais dans les ténèbres, hors de portée de la lumière des lampadaires, les ombres flottaient, gesticulaient, murmuraient. Elles évoluaient en prenant diverses formes. Elles étaient soit naines, soit géantes comme des échassiers. Elles étaient sombres, claires ou blanches, albinos ou rouquines. Souvent, quand le jour les surprenait dans les rues, on voyait des parlementaires, des maires, des hommes politiques proférer de méchantes paroles :
« C'est par amour pour Toukouzou que nous désirons qu'il soit dissout dans l'acide. Il a une maladie contagieuse. Il faut l'achever pour que vivent les autres. » Ces discours étaient très appréciés par les aiglons qui cherchaient à porter l'estocade. Mais en Afrique on dit que «la mangouste tueuse du cobra ne craint point le ver de terre, tout comme la gorge ayant avalé vivant un silure ne craint pas les arêtes d'un poisson cuit».''L'aigle'' et toutes les "perdrix" désiraient une seule chose: arracher à Toukouzou tous les trésors que le créateur lui a donnés pour sa survie. Le pétrole, la mer, les forêts, tout le café, le cacao, l'ananas, la banane, la canne à sucre, même les

prouesses de ses athlètes. Sachant cela, Wassa ne donna pas de repos à son corps.

Il organisa des amis, des frères et toutes les bonnes volontés qui ne supportaient pas la déconfiture de Toukouzou. Il fit appel aux "innovateurs" pour le baptême d'une association qui prône la paix universelle. Les hautes autorités du pays furent de la cérémonie. La paix et la fraternité se devaient d'être célébrées. Wassa profita de l'occasion pour interpeller les "innovateurs". Sa mère, Séinabou, n'a pas eu tort lorsqu'elle lui disait que les "innovateurs" ne lui inspiraient pas une totale confiance en ce qui concerne la gestion des affaires de l'Etat. Cette prophétie se réalisait à ses yeux. La position de Wassa, qui est de faire une critique impartiale des acteurs politiques et de tout gestionnaire de biens publics, ne pouvait militer en faveur de son organisation naissante.

Les langues du mal, les yeux des voûtes interdites, les serres des rapaces s'inquiétaient car leur intention était de tuer l'union des fils et filles de Toukouzou.

Un noyau d'anarchistes issus de la rébellion, des rangs des "innovateurs" et des "inconditionnels", par des propos incendiaires, ravivait la flamme de la discorde pour s'enrichir. Ils restaient sourds à l'appel du peuple réclamant la normalisation de la situation. Il fallait faire perdurer la crise pour continuer le pillage des ressources du pays. Cette confrérie de politiciens représente une sorte d'oligarchie: Il n'y avait plus d'opposition véritable, tous géraient ensemble le pouvoir d'Etat. Le peuple se retrouvait face à un nouveau type de pouvoir absolu. Mais, Wassa choisit la liberté. Il sortait de son anonyme cercle comme une chrysalide, déchirant son alvéole. Tous les prédateurs unirent leur souffle qui devint un tourbillon et alla poser des barrières sur les sentiers où devait passer Wassa. Ce souffle était aussi une voix; celle de Younan lui disant de ne pas continuer à parler de paix, ni d'Amour fraternel. Tous les cœurs frustrés, tous les corps abimés ne pouvaient dégager que la fumée de la vengeance. Elle craignait que la sagaie de ceux qui voulaient se soulager en tuant leurs ennemis ne vienne l'atteindre. Wassa savait que la victoire est un félin, dont on ne voit le pelage qu'au moment fatidique. Il fallait du temps à sa lutte.

Il était un buffle solitaire, pas au rang de mâle dominant battu en duel par un jeune rival. Il était plutôt un buffle entre les haies de fleur, l'écorce des arbres fruitiers et la liberté des rivières. Il rejoindra plus tard le reste du troupeau pour lui conter les délices de la nature. La marche de Wassa sur le sentier de la sagesse est une course à la découverte de son but.

Un jour, après qu'il eut porté sa toge d'ambassadeur pour l'Amour fraternel, il avait dit ceci:
- Moi Wassa, je dois disposer d'une cora et chanter pour la liberté des peuples bâillonnés. Hommes et femmes opprimés du monde, au-delà des plaines et des vallées, invisibles derrière les coteaux et les haies qui échappent aux yeux du lynx, que le créateur panse vos plaies.
Que vos potagers fleurissent.
 Que vos déserts verdissent.

Maintenant, Wassa veut se tenir debout. Il a besoin d'un arc pour mener le combat de l'Afrique. Qu'on invoque pour lui les génies du Djoliba car il est un Bamba d'origine. Un Bamba perdu du Djoliba, entraîné par les eaux de pluie jusqu'à se retrouver dans les eaux douces de la rivière Yibanin, sœur cadette du Djoliba, à Droh . Droh de Toukouzou n'est pas du tout différent de Doh de Nianiba. Mais, Wassa n'est-il pas un frère pour les habitants de Doh? Pourquoi le traitent- ils d'étranger? Ce fils de leur propre mère Afrique.

Élève la voix, Djibril! Élève la voix et dis à ses détracteurs qu'ils se trompent. Qui peut oser traiter Wassa d'étranger? Ceux qui le traitent ainsi ne savent rien du partage de notre monde après la victoire de Mari Djata (Soundiata Keita) à Kirina. Ce partage n'avait pas brisé notre fraternité. Nous faisions ensemble nos trocs. Nos empires avaient chacun une limite mais, c'était de l'intégration que nous pratiquions. À ces moments-là, Djibril, Wassa était dans la pensée de Balla Fasséké, rappelant fièrement aux rois réunis la sagesse de leurs pères dont ils devaient se servir pour mieux conduire leur royaume. Wassa était là avec Balla Fasséké qui donnait une leçon de justice. Balla Fasséké avait Wassa en esprit lorsqu'il disait aux rois que leur raison d'exister était de se battre pour la liberté de leurs peuples. Les esprits ne meurent pas. Ils se promènent et habitent les corps pour faire revivre le passé

Balla Fasséké disait que le roi gouverne mais en réalité, il gouverne avec son peuple et pour son peuple. Il servait de modérateur pendant ce grand rassemblement pour célébrer la mort de la dictature, la mort de Soumangourou Kanté. Vous savez que le corps de Soumangourou Kanté n'avait pas été retrouvé. Que dire de son esprit? Car les esprits ne meurent pas.

Son esprit a sûrement habité certains de nos dirigeants africains qui n'a-
vaient pas la caution de Dieu pour gouverner, comme l'avait fait Dankaran
Touman, le fils de Sassouma Bérété. L'histoire, c'est l'éducation et l'éducation est le fondement de la sagesse. Et la sagesse conduit au bien.
Que l'histoire soit réhabilitée pour le bonheur de l'Afrique !
Elle retrouvera alors son repère et elle sera respectée comme jamais elle ne
l'a été.
Cher aîné, lorsque tu ressuscitas Balla Fasséké, tu semas en Wassa, l'A-
mour de notre mère Afrique qu'il avait perdu. Il l'accusait de l'avoir mis au
Monde et de l'avoir abandonné à une autre femme pour son éducation. Il
savait qu'il n'était pas de cette femme imbue de connaissances étranges. Ils
avaient certes été des complices, mais, elle ne pouvait tout lui donner comme s'il sortait de ses entrailles. Elle le rejetait toujours quand il était en
conflit avec son fils. Elle donnait toujours raison à cet enfant gagné par un
orgueil nuisible. Il disait toujours à Wassa que sa mère était bien en vie et
qu'elle était, seulement, une incapable.

Pendant que tu le cherchais, il pleurait toutes les nuits, maudissant inutilement notre mère Afrique. Je suis heureux que tu l'aies retrouvé. Tu lui ex-
pliquas son histoire et il comprit que notre mère Afrique est une femme
merveilleuse. On le lui avait arraché à cause de sa robustesse pour servir
dans les champs de vignes et produire le vin pour le mari légitime de cette
femme adultère.

Noble idée, bonnes actions mais le problème, c'est que Wassa n'avait pas
les moyens de sa politique. Tous les biens de sa mère étaient revenus aux
autres. Il fallait respecter toutes les clauses de la prophétie. Même s'il fallait marcher de nombreux kilomètres, manger de la banane braisée, boire
de l'eau en sachet. Wassa n'avait rien en poche. Compassion ou moquerie,
peut-être par ignorance, des amis lui disaient: «Wassa, que veux-tu de ce
monde? Profite de la vie». Une telle exhortation lui rappelait l'histoire de
la souris en danger. C'était une souris accrochée à une planche que le courant d'eau entraînait vers le fleuve mais, la main tendue pour la secourir
était celle du chat.

Wassa devait-il s'appuyer sur ses potentialités spirituelle et intellectuelle
ou compter sur les biens d'autrui? Dans le secret, une force l'exhortait à
marcher selon son destin. Il souffrait mais il devait tenir pour se forger un
caractère de leader, adepte de la vérité au-dessus de toute religion.

Terre bourgeoise avait un lieu qu'on appelait le paradis de la libre expression. Ce midi où les branches d'arbres formaient un toit naturel, un orateur haranguait la foule.

Il gesticulait, parlait des déboires de Toukouzou et de la responsabilité de Flanci, jouant le marionnettiste pour maintenir Toukouzou dans la crise afin de puiser ses richesses.

«Les Blancs s'enrichissent en nous dépouillant. Ils troublent nos Etats quand le Président élu ne joue pas leur jeu. Il faut une autre lutte de libération. Pas celle avec des armes, mais celle que l'on mène avec la parole. Les Blancs n'aiment pas la vérité. La vérité est leur plus grand ennemi et c'est pour cela qu'ils n'adorent pas Dieu qui les a pourtant créés.

Ils veulent tout expliquer. Mais le jour où ils vaincront la mort, nous reconnaîtrons que c'est eux qui ont raison. »

Et pour terminer, l'homme ajouta:

«Aimons Dieu car son amour nous fera gagner la bataille économique. »

À cette phrase, les gens, étonnés, se regardèrent. L'orateur reprit après un petit silence. « L'Amour de Dieu germera en nous la tolérance. Que tu viennes du Nord ou du Sud, de l'Est ou de l'Ouest, tu ne verras pas cette différence quand tu t'imprégneras de l'Amour Divin. Alors nous bâtirons main dans la main ce pays. Toukouzou ira de l'avant car aucune boutique ne sera pillée, aucun véhicule ne sera brûlé. »

Tous furent détendus et convaincus. Wassa, assis dans la foule, devint heureux. Les jours qui suivirent, il fit beaucoup de prospectus pour parler d'Amour et de tolérance.

Les gens l'encourageaient. Il ne voyait même pas la sueur qui ruisselait sur le front et le reste du corps.

Tout le pays était au travail afin que la chienlit s'en aille des paysages jadis agréables de Toukouzou. Douba avait ses défauts, Dally, Grah Léiyi, Moctar Douby et Sodja Amanzan aussi. Mais, Dally était courageux. Il aimait la justice et s'efforçait de la mettre en pratique.

Wassa qui semblait avoir un penchant pour Dally, reconnut la grandeur de Douba. Il n'y a pas de mal, il n'y a pas de honte à apprécier les actions positives de celui à qui on est opposé. La noblesse de la politique, c'est de critiquer pour construire et non œuvrer à salir son adversaire. Wassa rendit un vibrant hommage à Douba qui, de son vivant, a su préserver l'unité nationale, fortement fissurée aujourd'hui par la faute d'hommes politiques égoïstes, en ces termes:

- Ô Douba! L'homme puise dans le tréfonds de son âme pour donner le meilleur de lui-même.

Ô Douba! Tu as fait ce qui était convenable à ton époque.

J'exhorte donc toute la jeune génération à te rendre hommage car tu es notre racine.

Les racines de Toukouzou, c'est toi et tes "inconditionnels".

Dally et sa génération, c'est le tronc et nous ne sommes que les feuilles.

Notre pays Toukouzou, c'est l'iroko, l'arbre le plus robuste de la sous-région.

Différentes parties de cet arbre, nous sommes unis par le destin.

Luttons donc ensemble contre l'adversité.

Ô Douba! Je te ferai revivre, je publierai ton nom à travers le Monde.

Je dévoilerai tes bonnes œuvres.

Ton histoire est liée à celle de Toukouzou.

Pourquoi m'assènerais-je des coups de couteau.

Ô Douba! Je ne peux te blesser sans atteindre Toukouzou, notre mère patrie.

Ô Douba! Nous souffrons de ta disparition.

Père, redonne-nous le bonheur que tu as emporté dans l'au-delà pour que ta mémoire soit préservée.

Ouvre ta main et bénis ton fils Dally afin que tes œuvres aient une continuité.

Le fils offense son père de son vivant.

Et il part avec la douleur de ses blessures.

Mais lorsque le fils prend une calebasse remplie d'eau, la verse à petit flot en appelant son père, depuis l'au-delà, pour le pardon de l'offense, il l'accorde.

Il l'accorde car il est maintenant esprit. Il perçoit la vérité.

Il voit la raison du fils car de sa position, il est au-dessus des considérations humaines.

Il comprend, parfaitement, le programme de Dieu, son programme du moment.

Douba, le tambour-parleur retentit toujours dans notre cœur pour nous rappeler ton passage sur terre.

Il est encore conservé, ce tambour qui perpétue ton règne.

Il est conservé dans notre subconscient.

Nanan!

Nous te pleurerons toujours.

Nos larmes n'arrêteront jamais de couler pour toi.

Je suis en larmes frère Niangoran Boua, drummologue.

Je suis en larmes frère Niangoran Porquet, grioticien.

Je suis en larmes frère Adiaffi, bossonniste, chef des Komians.

Je suis en larmes frère Sémi Bi Zan, historien, pourquoi l'histoire t'a rappelé si tôt?

Je suis en larmes frère Vlami Bi Dou, buffle solitaire de Bonon, abattu nuitamment par un chasseur occulte. Viens, je n'ai plus personne.

Je suis en larmes pour ma culture.

Ô mort!

Quelle que soit ton origine.

Maladie?

Guerre meurtrière?

Génocide!

Fratricide!

Des monuments de Toukouzou ont disparu.

Depuis septembre 2002, des frères et des sœurs de Toukouzou continuent de tomber.

Culture!

Ô noblesse!

Ô quiétude de l'âme!

Qui te servira donc!

Ô toi Zéré koné de Papara! Femme, tu peux nous consoler.

Rejoins Amadou Hampathé bâ et Kourouma là-bas au pays de Kaïdara pour nous réconcilier avec nos vieux dont dépend notre maturité spirituelle.

Ô Douba! Tu as fait ce que tu pouvais.

Nanan! Nous te pleurerons toujours.

Douba! Nous ne t'oublierons jamais.

Toi, le potier que le créateur inspira pour que brille Toukouzou.

L'Afrique, ton continent vivra, car tu es le fumier de sa liberté comme tous les pères des autres nations sœurs.

Et toujours vos œuvres glorieuses nous procureront de la fierté.

*   *

*

Zinna démeura à Flanci. Bédji pasteur, fut le premier à vivre sa prophétie. Séina, exempte des contraintes d'éducation de ses enfants, devenus majeurs, préféra se mettre au service de Dieu. Seul, Wassa, telle une fleur exposée au soleil après une fine pluie, s'ouvrait pour offrir, à la nature, sa senteur et aux insectes, son nectar. Avec une claire vision de la mission qui est la sienne: faire passer le message de la liberté des peuples. Il élabora un programme d'activités inspiré des modèles d'outre-mer et adapté aux réalités de Toukouzou. L'homme, au centre de ses actions, devait s'épanouir spirituellement et matériellement. Alors il serait un bon agent de développement au service de la communauté. Son évolution ne pourrait se faire que dans un ensemble auquel il est lié. Il devrait être épanoui mais solidaire de sa communauté qu'il doit propulser vers le développement.

L'association de Wassa, dédiée à la paix et au développement après la cérémonie de présentation aux autorités politiques et administratives ne bénéficia d'aucune attention de leur part. Wassa avait le verbe et il se donnait trop de liberté. De quel bord politique était-il pour profiter d'un tel soutien?Des fortunés pouvaient être d'éventuels mécènes mais ils s'abstenaient de peur d'essuyer le courroux des hommes politiques constitués en une véritable mafia. Ne serait-il pas opportun de faire partie des décideurs si on compte faire passer ses idées? Et un jour, l'équipe de Wassa eut l'intention de s'essayer à la politique. À la réflexion, on trouva qu'il pouvait gagner aux élections législatives. Il avait tous les atouts pour convaincre un électorat: un bon programme de développement local, une éloquence remarquable, de bonnes relations publiques, leader d'un mouvement etc.

Seulement, il fallait qu'il soit plus proche de cet électorat. L'équipe partit à Droh, son village natal, présenter ce programme. La population, à majorité jeune, adopta Wassa. Elle se trouvait parfaitement en phase avec sa philosophie de la liberté. Il comprit qu'il fît susciter plusieurs jeunes, comme lui, pour mener le combat de la renaissance. Cette génération doit naître et à Toukouzou et dans le monde entier pour le progrès de l'humanité.

Ô Wassa! Ton engagement pour la liberté des peuples te fera briller au firmament des nations si tu en fais ta raison de vivre.
Cultive l'amour!
C'est la source de la paix intérieure.
Enseigne-le à ceux qui sont en quête de liberté.
Détachés de ce qui les tient captifs, ils pourront relever tous les autres défis.
N'oublie pas et jusqu'à la tombe,
Comme ta mère, Séinabou, que la paix est plutôt spirituelle!

*   *
*

En attendant les hommes de bonne volonté pour financer ses activités et concrétiser son rêve, Wassa, tous les samedis soirs, invitait ses collaborateurs pour entretenir en eux la flamme de l'espoir.

L'espoir de voir une nouvelle classe d'hommes politiques africains, engagés pour la liberté de leurs peuples.

L'espoir de la naissance de la nouvelle Afrique avec tous ses enfants unis.

L'espoir d'un Monde meilleur.

Et Wassa chantait!

Et il chantait en jouant sa cora.

17

Chant 1

Moi, Wassa! Fils de Séinabou Toubouilou.
Le fils de la femme mythique.
Le fils de la femme-mâle, génie de l'eau.
Séinabou Toubouilou, femme-mâle,
Djin sorti des profondeurs du fleuve Bandama.
Allaité par la femme-mâle, j'ai en moi le mal de tous et j'en souffre plus.
Je dois combattre pour l'Amour véritable.
Ecoutez ATTOUNGBLAN!
Ecoutez GLI-GLI!
Ecoutez YAHABI!
Envoyez mon message dans toutes les contrées du Monde.
Aujourd'hui, je me suis levé.
J'ai pris appui sur la lourde barre de fer légendaire de Niani
Ecoutez ATTOUNGBLAN!
Ecoutez GLI-GLI!
Ecoutez YAHABI!
Ecoutez- moi, fils de Vanin Sia Doh,
Ecoutez-moi, honorables Sia Djai glouai,
Annoncez que je me suis engendré.
Je suis sorti par la bouche de ma mère.
Dans ma main gauche, j'avais le kpôrô, signe de fortune en pays Gouro,
Viens mon fils, viens Prince Phaizantracer les sillons de ma prospérité.
Dans ma main droite, j'avais l'or, le métal précieux en pays Akan,
Viens mon fils, viens Ange Orkèstre Dieubenny Siabi,
Tu m'apporteras au temps résolu le sceau de ma grandeur.
J'avais des cheveux blancs et je portais une coiffe en plumes d'autruche,
Viens ma fille, viens Duotchê, viens De Vinci Miriam pour ma couronne.
À mon coup était attaché un collier d'argent; Gôyi, le double de ma mère Toubouilou.
Viens ma fille, viens De Magdala Touedou pour fermer la bouche de mes détracteurs.
Viens Samuel Douba, le fils de mon épreuve de régénération.
Viens Abdul, le fils de ma captivité passagère.
Ô fils!
J'ai réussi le test.
Regardez l'arc-en-ciel; ma colère s'est apaisée.
Maintenant, me voici.

Docile, calme et aimable.
Ô Wassa!
Homme de paix.
Suis-je donc fécond?
Ecoutez ATTOUNGBLAN!
Ecoutez GLI-GLI!
Ecoutez YAHABI!
Annoncez que moi, Wassa, j'ai en moi la rosée du matin que l'hippopotame doit lécher avant de trouver la nourriture qui lui convienne.
Ecoutez ATTOUNGBLAN!
Ecoutez GLI-GLI!
Ecoutez YAHABI!
Annoncez aux fils et filles de Toukouzou que la méfiance prendra fin et que l'Amour règnera bientôt.
RESONNEZ!
RESONNEZ!
ET RESONNEZ!
Sans répit.

Chant 2
Afrique.
Ô Afrique mystère!
Ô mère!
Révèle-toi.
CHANTEZle réveil spirituel de ses fils et filles qui dorment encore.
COQS DE LA BASSE-COUR!
ET C'EST L'AUBE!
COQS AUX PUISSANTS ERGOTS!
Amadou Hampâté Bâ; toi qui a démontré par Kaïdara que notre formation en Afrique est par essence initiatique. La femme-mâle, ma mère a procédé ainsi; donnant à ses enfants; à chacun de nous le secret de sa vie.
Et nous nous sommes mis en route à la recherche de Kaïdara, le dieu de la connaissance et de l'or. Il fallait décoder l'énigme qui devait se présenter à chaque étape du parcours. Il fallait comprendre la portée pour triompher de la vie.
COQS DE LA BASSE-COUR!
ET C'EST L'AUBE!
COQS AUX PUISSANTS ERGOTS!
Djibril Tamsir Niane, ton œuvre Soundjata ou l'épopée Manding a servi à mon initiation au mystère de la parole. L'éloge du griot, Balla Fasséké,

maître de la parole pure et dépourvue de tout mensonge m'a influencé.
Je vais utiliser cette puissance de la parole du griot, l'arme redoutable
pour restaurer cette Afrique bafouée et balafrée.

COQS DE LA BASSE-COUR!
ET C'EST L'AUBE!
COQS AUX PUISSANTS ERGOTS!
DALLY Manego,
Historien!
Dis-moi qui était ZOUKOU Gbeuli?
Mon père, faucon des falaises me l'a conté.
Seul, son nom m'est resté.
Si tu es un initié,
Alors tu comprends qu'une âme qui n'a pas achevé sa mission,
Une âme, trop tôt renvoyée par les hommes ne part pas.
Homme-frère!
Elle s'incarne pour poursuivre son œuvre.

Chant 3
Je suis Wassa l'étoile.
Don de ce qui est plus grand que l'univers.
Un enfant bienveillant, don du Très-haut.
Moi Wassa, né à la fois griot et Kankoro Sigui.
Depuis le ventre de Séinabou, la femme mythique, la femme-mâle,
Je suis consacré par celui qui fit la nuit et le jour.
Je ne peux que chanter l'Amour.
Je ne peux que chanter la vie.
Ô Wassa!
Efforce-toi à vaincre les désirs de ta chair.
Sois stable!
Ton Dieu t'a appelé et il t'attend pour entamer la croisade pour la paix.
Ta mission, c'est de rapprocher les ennemis d'hier.
Qu'ils deviennent frères!
Ô Wassa!
Parle!
Et Dieu accomplira.
Ecoutez-moi donc leaders opposés!
Écoutez-moi frères ennemis.
Ecoutez la voix du Zuenon glouaiti!
Ecoutez la voix du Yibanin de Droh!

Ecoutez la voix de celui qui tenait le Doubi des aieux, fétiche légendaire.
Ecoutez celui choisi pour concilier l'ancien et le nouveau monde.
Ecoutez Wassa, le tambour -parleur!
Assemblez-vous et écoutez.
L'ambition est raison.
Libérez la grandeur et qu'elle circule.
Ne l'avez-vous pas déjà connue?
Connaître le Temps et son temps,
C'est l'obéissance à la force qui vous a donné le jour.
Quelle guerre de clans?
Au profit de qui?
Pourquoi batailler l'un contre l'autre?
DOHOGO Missa, dis-leur que si leur vœu,
C'est de marquer aussi le temps,
C'est d'entrer dans la classe des immortels,
C'est de satisfaire un quelconque désir de grandeur,
Qu'ils entèrent la hache de guerre.
J'ai reçu le grand esprit qui peut apaiser toute soif.
J'ai reçu la clé de l'immortalité.
Qu'ils soient rassurés!
Adonaï, mon Dieu, m'a établi pour le sacerdoce de la réconciliation.
Transformé, j'ai acquis de la puissance pour délivrer et indiquer la voie à suivre.

Chant 4
Femme de distinction!
Moh AMLAN.
Issue de la souche de la distinguée Nanan ABLA POKOU!
Reine mère!
Nanan AMLAN de Mamini.
Que ta fille, toute femme de bien,
Change de mentalité.
Entre dans une dimension surnaturelle.
Dompte le dragon.
Se saisisse de l'épée, la mémoire du panthéon.
Alors elle verra à qui est destiné le code de la paix.
Qui arrêtera la haine personnifiée ?
Femme choisie!
Sois ABLA POKOU!
Ne te trompe point.

Consulte, Dieu, l'Astre des astres.
Et tu découvriras l'héritier parmi tes enfants.
Il tient les douze pans du Pkaholo ancestral, pagne mythique.
Prépare le et qu'il accepte le don de soi.
Tu Attacheras à tes reins le BIASSOR, pagne funèbre et toute seule cette
fois-ci, tu feras le deuxième sacrifice du fleuve, en plein milieu de la nuit.
Tu jetteras ton fils bien-aimé dans le fleuve de la raison.
Le fleuve de l'éducation.
Le fleuve de milles sermons.
Alors le peuple, ton peuple survivra à l'épreuve de la guerre et prospérera.

Chant 5
Leaders des jeunes!
Etoiles!
Scintillez dans le firmament.
Laissez-moi vous chanter.
Etoile du Nord!
Emmène-nous l'endurance et la sagesse des hommes de la savane.
Etoile du Sud!
Que l'océan ne dépasse point la berge.
Etoile du centre!
Que la paix soit ta seconde religion.
Etoile de l'Est!
Toi! Conte-nous les mille merveilles du soleil levant.
Etoile de l'Ouest!
Et au coucher, l'oiseau vient toujours se reposer sur l'arbre.
Partout à Toukouzou!
Ô étoiles!
Leaders des jeunes!
Levez-vous symbons!
Empruntez la sagesse des anciens et conduisez la jeunesse Ivoire à la ma-
turité.
Jeunesse unie.
Que la paix nous revienne
Et que vive notre nation.

Chant 6
Moi Wassa!
Celui à qui les initiés répondent SIA Djai Glouai
Quand il les salue.

Né honorable car Fils de Vanin SIA Doh, descendant de Goly Wassa et Héritier de l'impératrice Moh Nanan AMLAN de Mamini.
Semence de baobab.
Semence de l'iroko.
Fils et filles de Toukouzou!
Saisissez-vous de la sagesse et vous verrez le sommet des arbres géants.
Je suis l'histoire
Et je vous la conte.
Honneur aux griots
Qui ont vécu le temps de leurs pères.
Et qui prédisent l'avenir.
Honneur au père des griots des temps modernes.
Ô Wassa!
Tu es baobab.
Tu es iroko.
Mais attention à un mauvais brassage de culture.
Prends le meilleur du baobab.
Prends le meilleur de l'iroko.
Et instruis ta génération.
Wassa!
Un sang noblese mélange pas.
Il cherche un complément.
Demeure noble en conservant le meilleur de ta culture.
Sinon tu deviendras esclave de celui qui réussira à te spolier de tes valeurs pour te communiquer les tiennes.
Vie de captif!
Wassa!
Acquiers la liberté.
Meurs!
Tue la peur.
Renais par la liberté et pour la liberté.
Enfant-esprit!
Enfant-lumière!
Wassa!
Tu es Massa!
Annonce l'aurore de tes frères.
L'ordre t'a été donné pour prophétiser.
Interroge tes cauris.
Que vois-tu?
Les frustrations, la traitrise, la domination, les tueries, La lutte

Partout!
La désolation mais une lumière apparaît à l'horizon:
La liberté de Toukouzou.
La liberté de l'Afrique.
L'Union sacrée des fils et filles de l'Afrique pour sa dignité et sa prospéri-
té.
 Djins!
Le sacrifice de la Reine mère va-t-il rompre les chaînes de la servitude ?
Ciel et terre!
Le divin –ténébreux peut-il passé?
Que le divin-lumineux advienne.
Adonaïmon Dieu!
Si tu m'as appelé, moi Gédéon, faible rejeton de la tribu des Wassa de
Droh, inconnue de Toukouzou, je réclame un signe: l'unité des fils et filles
de Toukouzou, la paix de mon peuple, alors j'établirai l'autel de ta justi-
ce.

Chant 7
Toukouzou!
Saches que tu es une terre bénie ;
Œuvre à l'accomplissement de ta destinée.
Que tes morts ressuscitent!
Que le sang de tes fils et filles soient renouvelé!
Un sang nouveau dans une nouvelle outre.
Sang esclave!
Sang malade!
Guéri et sois libre.
De la malédiction à la bénédiction,
Des ténèbres à la lumière,
De la sécheresse à l'abondance,
De la noirceur à la blancheur ;
La renaissance est possible.
Fils et Filles de Toukouzou!
Fils et Filles de l'Afrique!
Fils et Filles des peuples opprimés!
Ayez donc de l'espoir.
Moi, Wassa!
Etoile filante, en avance sur le temps.
> *Je tiens ma cora pour chanter*
> *La liberté des peuples bâillonnés*

La liberté des peuples incarcérés
La liberté des peuples opprimés.
Moi Wassa!
Je tiens ma cora pour chanter
L'unité des enfants déchirés
L'unité des consciences désunies
L'unité de la terre première.
Je chante la liberté
Je chante l'unité
Je chante l'amour
Je chante la vie.

La crise politique atteignit son paroxysme avec l'organisation des élections présidentielles à Toukouzou. Un pays où la mentalité de la majorité des citoyens contraste avec ses richesses.

La quasi-totalité de la population a perdu, et depuis longtemps, le sens de l'entreprenariat. Gérés par des pouvoirs publics propices à la corruption et au gain facile, la plupart des hommes et des femmes de Toukouzou ont foulé aux pieds leur dignité. Ils préfèrent se mettre à l'école de la mauvaise politique que de travailler pour gagner dignement leur pain. Vu que les politiciens véreux s'enrichissent en un temps record et en toute impunité, ce chemin serait le plus plausible pour parvenir à ses fins. Alors, la morale, l'amour, la fraternité, la justice, la vérité etc. sortirent des habitudes. Et toute l'attention de la société se porta sur la course au pouvoir. Cela attisa tellement la haine que les "inconditionnels" et les "innovateurs" prirent les armes pour s'entretuer au nom de la démocratie qui en fait, n'est pas la vraie raison. Les premiers qui finalement ont porté à leur tête Moctar Douby, un homme de relations, ont eu le soutien de Flanci et la coalition des Blancs. Cet important appui leur permit de sortir victorieux de la confrontation. Moctar Douby accéda au pouvoir. Quant à Dally, il fut fait prisonnier et déporté au pays des Blancs. A la face du monde, Dally Manego jura à ses partisans qu'il ira jusqu'au bout. Ceux-ci lui promirent de maintenir la flamme de la résistance. Ainsi à Toukouzou, naquirent deux clans ennemis aveuglés par la haine l'un envers l'autre. Ils oublièrent même qu'ils sont frères et choisirent d'appliquer la loi du talion. En pareille circonstance, il faut la croisade de l'Amour pour une paix durable mais comment s'y prendre sans être accusé de partisan par l'une ou l'autre partie?

Wassa était préoccupé par l'avenir de Toukouzou. Est-il possible que les adversaires d'hier deviennent des frères? Pour les inconditionnels, la guerre est finie, il faut se réconcilier pour aller de l'avant. Il est indispensable que tous dans l'union, rebâtissent le pays. Mais la déchirure était si profonde que les innovateurs n'osaient pas croire en leur sincérité.

Pour fuir les représailles, nombreux prirent le chemin de l'exil. Les inconditionnels emprisonnaient des partisans de Dally et traquaient ceux qu'ils soupçonnaient de planifier une déstabilisation de leur pouvoir encore fragile.
Pendant que les inconditionnels jugeaient leurs actes légaux, les innovateurs dénonçaient la dictature et la méchanceté.
La presse partisane des deux bords, une presse très politisée, incitait le peuple à la violence. A Toukouzou, les hommes et les femmes se côtoyaient sans aucune chaleur. L'atmosphère était lourde, la vie fade. Comment faire revivre aux populations cette fraternité perdue. Sans hypocrisie, sans la peur de l'autre, sans la suspicion, les «» et
les «» pourraient dire ensemble: nous sommes tous des prisonniers de la haine, il faut œuvrer pour recouvrer notre liberté.
A défaut, il faut les y conduire: C'est le combat de Wassa.

Wassa se disait que rien n'est nouveau sous les cieux. Par le canal de la lecture, il découvrirait certainement la solution au problème de Toukouzou. Il s'agissait pour lui de bien circonscrire la question et s'orienter vers la recherche documentaire. Comment des peuples qui ont vécu cette situation ont-ils retrouvé la quiétude afin d'entamer leur développement et le réussir? Quel type de relation entretiennent les pays riches avec les pays pauvres: la domination ou le partenariat? Pourquoi pour des frères qui se battent, ya-t-il un parti pris des Blancs? Comment éviter une crise politique interne en tenant compte de la réalité des relations internationales?
C'est ainsi que plongé dans ses investigations, Wassa repéra un article de journal d'une contrée qui vit la même épreuve que Toukouzou. Il se retrouva en cet auteur progressiste mais réaliste. Cet homme l'a convaincu par la pertinence de son analyse de la gouvernance mondiale. Il comprit toute la dimension de la lutte pour la liberté des peuples dominés. Il fallait mieux réfléchir à cette question pour s'engager convenablement aux côtés des opprimés, car depuis l'aube des temps, la liberté alimente les passions.

Quel type de révolution serait approprié au cas de Toukouzou?
La révolution telle que prônée dans cet article conforta la vision de Wassa pour son pays. L'auteur disait:
«révolution à nous doit transcender les clivages politiques, rassembler toute la jeunesse de la nation. La paix et le travail pour le bonheur n'ont aucu-

ne coloration politique. Ce sont des concepts largement partagés. La révolution blanche (la paix) et la révolution verte (le travail) doivent nous concerner au plus haut niveau. Nous devons nous y engager dans le strict respect de la loi et de l'ordre que doivent établir dans la justice, nos autorités.

Nous réussirons notre pari d'une part avec une classe politique qui peut comprendre et trouver une réponse adaptée à cette équation politique du sièclelibellée: *la liberté du peuple, la souveraineté de la nation face au nouvel ordre mondial* et d'autre part en comptant sur une société civile non partisane et une jeunesse laborieuse.»

Wassa, en médiation, se demandait. Et si l'union des fils et filles de Toukouzou se bâtissait autour des valeurs qu'ils partagent le mieux: le travail et la discipline. Un auteur n'avait-il pas dit: «travail et après le travail, l'indépendance»?

Et si on commençait d'abord à nous approprier l'Amour du prochain, à nous entendre, à avoir la notion du travail bien fait? Qui peut faire notre bonheur à notre place? Toutes les nations du monde sont en compétition. Faut-il suivre sans discernement les leçons des autres?

La solidarité et le travail peuvent au moins nous affranchir de la mendicité. Pour notre indépendance vis-à-vis des Blancs, il nous faut d'abord un mouvement de réveil pour la paix et l'amour du travail. Le sous-développement dans lequel nous croupissons n'est pas une fatalité.

Wassa trouva ainsi le credo de sa lutte: promouvoir la culture de la non-violence et la révolution par le travail.

Afrique mon Afrique!
O peuples noirs!
Nous ne sommes pas maudits.
Seulement, quel type de guides nous faut-il? Quel régime politique nous fera-t-il du bien? Démocratie complexe aux mains des puissants du monde. Pourra-t-elle nous sauver? Ses principes sont vertueux, mais s'appliquent-ils de façon équitable dans toutes les contrées du monde?
Afrique mon Afrique!
Pour cette injustice, dois-tu désespérer et jouer le jeu de tes oppresseurs?
Non! Il te faut un mouvement de réveil. Tes fils et filles doivent continuer à croire en l'amour vrai et en la justice. Il te faut des hommes et des femmes de lumière pour lutter contre ceux qui travestissent ton histoire aux fins de te soumettre à jamais.

O Wassa!
Fils de l'Afrique.
N'aies point de camp.
Ne sois ni pro-alpha, ni pro-beta.
Ne sois pas aussi un simple défenseur de ton peuple mais un adepte du bien
-être de toute l'humanité. Reçois le meilleur enseignement qu'il faut pour
œuvrer à la victoire du bien sur le mal. Ouvre-toi à la vérité. C'est l'appât
qui attirera vers toi le maître de l'univers. Il confirmera ton sacerdoce de la
paix et alors tu entreprendras ta grande croisade pour ouvrir l'intelligence
de tous les peuples afin qu'advienne la paix universelle. Salue toutes les
initiatives d'intégration des peuples et apporte toujours ta modeste contri-
bution à l'amélioration de l'œuvre humaine.

Le monde d'aujourd'hui se trouve face à un géant qui le menace de mort:
la recherche effrénée du plus grand profit qui engendre toute sorte de guerres de domination et rend l'espèce humaine totalement insensible. Il faut
reconquérir l'Homme en lui redonnant les valeurs qui font de lui une espèce intelligente. C'est par la promotion de la vérité au sein des organismes
internationaux représentatifs qu'on y arrivera car la vérité est régénératrice.
Comme David qui a utilisé une fronde pour battre Goliath, ce moyen peut
sembler inapproprié, mais il serait le meilleur pour atteindre le but.

O Dieu tout-puissant!
Donne aux peuples des hommes et des femmes de vérité que le monde
puisse suivre. Appliquer absolument la justice, tous les bourreaux lâcheront
du lest afin d'atténuer la souffrance de leurs victimes. Aussi notre planète
sera-t-elle moins agressée avant le Grand Jugement tel qu'annoncé.

AUTEUR

Né à Drohoufla en Côte d'Ivoire, Benjamin Irié Bi Irié est Ingénieur en Horticulture. Il est aussi diplômé de Tsukuba International Center au Japon (culture motorisée et transformation de riz) et de Weitz Center for Development Studies en Israël à Rehovot (conception et mise en œuvre de projets communautaires).
Titulaire d'un diplôme d'Ingénieur en Affaires Internationales, il a été Sous-Directeur de la coopération internationale de Septembre 2004 à Septembre 2014 au Ministère de l'Agriculture. Présentement, il est en attente de soutenance d'un Master professionnel en commerce International et Négociation.
Ses activités extra-professionnelles se résument aux postes de:
- Secrétaire de section (Ministère de l'Agriculture) du Syndicat National des Ingénieurs de la Fonction Publique de Côte d'Ivoire (SYNIFOP-CI);
- Président du Collectif des agents du même ministère (CP-MINAGRI-CI);
- Président-Fondateur du Mouvement de l'Amour Fraternel Universel pour la Paix (MAFUP), un cadre de mobilisation pour la paix et le développement durable, créé en 2003 au siège de la commission nationale ivoirienne pour l'UNESCO.

RESUME

Séinabou, la conquête de la liberté retrace le parcours initiatique de Séinabou Toubouilou, une veuve analphabète. Suite à la mort de son époux Prince Zaduo, chef de village assassiné lors d'un soulèvement contre les abus du pouvoir, elle décide de se faire justice en le vengeant. L'assassin serait le Président Douba en complicité avec les Blancs.

Au soir de sa vie, à la lumière de plusieurs expériences, elle comprit le type de lutte à engager contre l'oppresseur. Femme de vision, elle a su déceler en Wassa son benjamin, les aptitudes d'un leader à qui elle va léguer sa conviction. Pour son fils Wassa, il s'agit désormais en dehors de toute rancœur, de combattre pour la liberté du peuple, de son peuple. La conquête de cette liberté passe par l'ouverture à la vérité, la culture de la non-violence et la révolution par le travail.

www.ingramcontent.com/pod-product-compliance
Lightning Source LLC
Chambersburg PA
CBHW070551290526
45790CB00002B/639